把财富留给孩子，
不如把孩子变成财富

郑 阳◎著

中国财富出版社

图书在版编目(CIP)数据

把财富留给孩子,不如把孩子变成财富 / 郑阳著.—北京:中国财富出版社,2017.5

ISBN 978-7-5047-6477-5

Ⅰ.①把… Ⅱ.①郑… Ⅲ.①儿童教育-家庭教育 Ⅳ.①G782

中国版本图书馆CIP数据核字(2017)第115118号

策划编辑	张彩霞	责任编辑	刘瑞彩		
责任印制	梁 凡	责任校对	胡世勋 张营营	责任发行	张红燕

出版发行	中国财富出版社	
社 址	北京市丰台区南四环西路 188 号 5 区 20 楼	邮政编码 100070
电 话	010-52227588 转 2048/2028(发行部)	010-52227588 转 307(总编室)
	010-68589540(读者服务部)	010-52227588 转 305(质检部)
网 址	http://www.cfpress.com.cn	
经 销	新华书店	
印 刷	北京柯蓝博泰印务有限公司	
书 号	ISBN 978-7-5047-6477-5/G·0676	
开 本	710mm×1000mm 1/16	版 次 2018 年 2 月第 1 版
印 张	15.25	印 次 2018 年 2 月第 1 次印刷
字 数	205 千字	定 价 38.00 元

1

孩子们为什么不爱学习？是因为他没有找到目标。有目标才有可能成功。

在外国的一个工地上，有三个工人正在搬砖。问他们在干什么，第一个人回答：我在搬砖；第二个人回答：我要赚钱养活一家人；第三个人回答：我正在建造一座宏伟的教堂。后来，第一个人仍在干搬砖的活儿，第二个人也就只能赚到维持一家生计的那点钱，而第三个人则成为了一个著名的建筑师。

每一个孩子都是一个生命的宝藏，蕴藏着无限的潜能。父母的责任，是把孩子培养成财富，不是把财富留给孩子。

2

常听见家长埋怨：和谁谁的孩子一起上课，为什么别人就学得那么好？谁的孩子性格那么开朗，为什么自己的孩子就那么内向？谁的孩子那么强势，为什么自己的孩子就那么懦弱？于是就觉得自己的孩子有问题，是不是太笨了？还是不用心？是不是先天有缺陷？

其实，什么问题都不是。你的孩子，他不可能同时拥有张三的智慧、李四的性格、王五的能力。他就是他，独一无二的他，没有人可以取代他，他也不可能取代别人。不管他是一个怎么样的孩子：愚钝的也好，内向的也好，懦弱的也好，作为父母，应该全盘接受，完全接受自己的孩子，接受他就是这么一个孩子。

朋友问我：无论你的孩子是个怎么样的孩子，你都接受吗？我说：是的。我绝对不能让我的孩子有这样的感觉：别人不喜欢他的缺点，连妈妈也嫌弃他的缺点。当你完全接受了他，你就不会觉得他的某些缺陷有多么重要，因为接受，所以变得宽容；因为宽容，所以更容易发现他的亮点。包容不等于放纵，接受不等于认同，接受孩子是对孩子的一种理解，在理解的基础上引导孩子成长，而不是着急埋怨。

3

"三岁看大，七岁看老"，这是中国人耳熟能详的俗话。不过很多人却误解了其中的道理。21世纪是"自主选择"的世纪。在这个年代，人们将拥有更多的选择，也必须积极地管理自己。进入社会后，孩子必须自己决定从事什么行业，选择自己的老板，选择自己想加入的公司……每一天面临的都是选择。一个孩子如果长大了还是只会背知识，听话被动，等着别人帮他做决定或做事情，那他进入社会就算不被欺负，也不会被重视。

好孩子应当独立自主、自尊自强，应当能独立处理和自己有关的一切问题，包括工作、学习、事业、家庭、感情等。

古人说：留下千垛干柴，不如留下一把斧子。与其把财富留给孩子，还不如把孩子培养成财富。

第一章 独立生存
——孩子，你一定要有自理能力

这与伺候人无关。在爱你的人都不在身边的时候，你要能善待自己，能独立生存。

第二章 知识财富
——孩子，你一定要上大学

孩子，你一定要上大学，正规的大学。但，这与学历无关。因为你的人生中需要经历几年无拘无束又能染上书香的生活。

第三章　自强不息
——孩子，天塌下来都不要哭

不要抱怨。那样会让爱你的人心痛、恨你的人得意。平静地承受命运，爱你的人自会关心。

第四章　良好教养
——你一定要学会说"谢谢"

教养和贫富无关，它使人的灵魂得到净化，使受损的心灵能够痊愈。有教养的孩子，不仅能芬芳自己的人生之路，也能芬芳别人的失落而寂寞的心灵。

第五章　创新能力
——凡事都问个"为什么"

孩子，人生应当做点错事。做错事，就是长见识。我不会给你什么忠告，只希望你事后问自己一句"为什么"。

第六章　人际能力
——永远做一个善良的人

孩子，请记住，拥有善良，会让你成为最受上天眷顾的人。这种眷顾未必是财富与权势。善有善报，所报者，爱也。

第七章　行为习惯
——就算吃酱油拌饭，也要铺上餐巾

就算吃酱油拌饭，也要铺上干净的餐巾，优雅地坐着。有好习惯，才有好的未来。

第八章　"贵族"精神
——你最大的精神财富

笑容、优雅、自信，是最大的精神财富。拥有了它们，你就拥有了全部。这就是"贵族"精神！

第九章　内外兼修
——气质是女孩一生的财富

相貌的美高于色泽的美，而秀雅合适的动作美又高于相貌的美。这是美的精华。

第十章　领袖气质
——男孩不可多得的财富

当男孩与同伴发生冲突时，家长先不要急于插手帮他们解决，而是应该鼓励他们自己解决，培养他们处理问题的能力。

第一章

独 立 生 存

——孩子，你一定要有自理能力

这与伺候人无关。在爱你的人都不在身边的时候，你要能善待自己，能独立生存。

1. "做家务" 要从小抓起

许多家长都望子成龙，认为孩子只要学习好了，将来就能出人头地，别的什么活儿也不用孩子来干。他们给孩子报各种各样的补习班，而且碰到老师开口问的是："我的孩子学习怎么样？""排在第几名？"很少有人过问孩子的自理能力、劳动态度……

5岁的署阳聪明好学、懂礼貌，深得老师和家长的喜爱。但他有个毛病，就是无论什么事情，都要让妈妈代劳，不爱自己动手。

早晨，被妈妈叫醒的署阳仍躺在床上，等着妈妈为他穿衣服。妈妈拿起衣服，他懒洋洋地伸伸胳膊抬抬腿……洗脸和刷牙也要妈妈帮忙。到了晚上，妈妈帮他铺好床铺，洗好脚，他才肯上床睡觉。一天下来，妈妈非常辛苦。

美国哈佛大学曾对一个地区的400多名儿童做过一项长期的跟踪调查，结果发现：爱干家务的孩子和不爱干家务的孩子相比，长大以后的失业率比为1:15，犯罪率比为1:10；爱干家务的孩子平均收入要高出20%左右，他们的离异率、心理疾病患病率也较低。

那么，中国的现代父母该如何教孩子做家务呢？

(1) 借鉴国外父母的经验

也许很多人想不到，日本儿童最热门的游戏场所是"厨房"；书店最热销的书籍类别是"儿童料理食谱"；百货公司家电部门当红的是"儿童专用厨具"；电视台叫座的节目是"儿童烹饪"。"厨房育儿"俨然成为日本儿童最时髦的休闲活动。

那么，日本为什么会兴起教孩子干家务的风气呢？这股风气的兴起来自社会各界的推波助澜，包括幼教界、媒体、社会学家、烹饪学校及儿童产品厂商，他们都在大力鼓吹做家务对小朋友和家庭的好处。它不仅让孩子们明白了劳动的重要性，而且还享受到劳动带来的乐趣。中国的年轻家长们不妨学学日本人的做法，周末让我们的孩子也"攻占"一下厨房。

在德国，人们早已注意到劳动对孩子的重要性，让孩子帮助父母做家务：6~10岁的孩子要帮助父母洗餐具，收拾房间，到商店买东西；10~14岁的孩子要在花园里劳动，洗餐具，给全家人擦鞋；14~16岁的孩子要擦汽车，在花园里翻地；16~18岁的孩子要完成每周一次的房间大扫除。

在世界的许多国家，让孩子做家务已经是一个比较普遍的现象。在美国，孩子每天的家务劳动时间是1.2小时，在韩国和英国分别达到每天0.7小时和0.6小时，在法国是0.5小时，日本也有0.4小时。回头看看中国，孩子每天家务劳动的时间却连0.2小时都不到，只有区区的11分钟。

其实"做家务事"是每个人最低限度的生活能力，也是增进家庭生活的情趣、建立儿童人际关系的基础。日本人认为，家务事能处理得好的男人，人际关系绝对不会太差，会做家务的人更自信。能做家务事，做好家务事，是一门需要从小培养、学习的生活艺术。

（2）教孩子做家务要从小抓起

孩子小的时候，许多父母总是舍不得让他一起参与家务。等到觉得孩子大了，结果发现孩子却什么都不愿意干。追根究底是没让孩子在小时候养成良好习惯，或是过去孩子总是在父母的催促中完成指定工作，毫无乐趣可言，而导致不美好体验，造成不爱做家务。

其实，"做家务"对3岁左右的幼儿而言，并不是和大人所想的家务范围一样，还包括生活自理能力。父母可以依照孩子的身心发展试着让他学习做些力所能及且觉得相当有趣的事。1岁以前的婴儿，可以让他自己拿汤匙吃饭，拿拖鞋或递物品给大人，收集垃圾，将玩具放进篮子里等；2岁的幼儿可以让他擦桌子，练习洗自己用过的盘子、杯子，在限定的空间范围内扫地、擦地板，或将同样式、同颜色衣服叠好放在一起，将垃圾丢进垃圾桶内，等等；3岁的宝宝已经要进入幼儿园过集体生活，可以训练其将用好的毛巾、牙刷挂好、放整齐，清理自己吃完饭后的桌面等，这些对孩子来说都不是难事，父母可以放手让孩子学习。

1岁半至4岁，正是孩子发展自理能力的阶段，如果发展得好，孩子的自主性会提高，有助于建立自信的人格，所以，这个阶段应尽量让孩子学习自己动手做。若此时孩子未能建立良好的生活自理能力，将来他会对自己的能力产生怀疑，在人格的发展上也会出现问题。

（3）引导孩子愉快地做家务

对年幼的孩子来说，学习做家务既是学习，也是游戏。为了让孩子感到做家务是件快乐的事，在引导孩子学习做家务前，父母不仅需要认识以下一些问题，还得了解处理的方法，同时父母也要知道，培养孩子做家务的习惯需要时间和耐心，唯有愉快、自主自发才能达到教育的效果。

①各年龄段的孩子动作技巧、认知程度、体力、耐心均不相同，因此父母对孩子做家务的要求，应视孩子能力范围而定，不宜超过，以免孩子因挫折而产生抗拒和畏惧。

②要与孩子一起做家务，当孩子越帮越忙，把现场搞得一塌糊涂、乱七八糟时，要耐住性子，教孩子改正及正确示范方法。

③"多容忍、少责备"，在指导孩子的时候，口气要温和，不宜破口大骂，有耐心、有步骤地以游戏的方式和心态教导孩子学习。

④父母本身对做家务的态度要端正。勿让孩子从父母的言行、举止察觉出做家务是件令人讨厌的事情。此外，夫妻俩对家务的分工要妥善安排，免得孩子产生"做家务是女孩的事情"的错误观念，应让孩子有正确认识，"家"是属于每个人的，所以屋里的每一件事，大家都有义务去做。

⑤在满足孩子好奇与学习的动机时，安全问题也是不容忽视的。不要让孩子自行拿取危险物品，父母要替孩子拿。较大的孩子，可教其正确使用方法和动作，以确保安全。

⑥无论孩子做得如何，别忘了给予他赞许和鼓励，让孩子知道：他所做的事对全家都有很大的帮助，还是家里不可少的一分子呢。或者是让他感到他所做的每件"小事"你都注意到了，只因为他年纪小，能力、耐心都有限，自然不如大人做得纯熟，但是没有关系，熟能生巧，父母知道他很努力了。

2. 请放手，划出一块空间送给孩子

在孩子的兴趣和天赋还没有完全展露出来时，父母不要凡事都给孩子出谋划策，这样会扼杀孩子的天赋。学会给自己更多的自主空间，让孩子学会自己做决定。相信孩子能把事情做好。

"老师让我去报名参加那个拼写竞赛。"13岁的安琪一回到家就告诉父母。

"太好了，你已经去报名了吗?"

"还没有呢。"

"为什么? 宝贝。"父母奇怪地问。

"我有点害怕，台下可能会有许多人看着。"安琪很激动，她在家一向是个听父母话的孩子，在学校平时也不爱多说话，但是学习成绩很好。

"我想你还是先报个名吧，你可以很好地锻炼自己的。不过这事儿你还是得自己决定。"

父母离开了安琪的屋子。过了两天之后，学校老师打来电话，让安琪的父母说服安琪去报名参加拼写竞赛。

安琪回到家后，父母又跟她谈了话，父母对她说："首先，我们并不是强迫你一定报名，这件事还是你来做决定，但是我们可以谈谈关

于参加竞赛的利弊。参加竞赛可以锻炼自己的意志，锻炼自己的智力，还能增强自己的信心。比赛赢了更好，没有得名次，也是无关紧要的，我们不在乎。因为你在我们的心目中是很有能力的孩子，这点并不需要用竞赛的名次来证明。"

父母又对她说："老师打电话来说，他也很相信你的能力。我们对你的比赛结果都并不太关心，关心的只是你是不是想用这一机会去锻炼自己。"

有这样开明的父母的鼓励和支持，最后安琪还是去报名了。

安琪的父母知道安琪很聪明，只是她太胆小了。她不敢想象如果自己站在台上面对那么多的观众拼写单词会是一种什么样的感觉。她的父母很想让安琪见一见世面，让她走向自己的生活，而这就是一个很好的机会。还有，父母想让安琪通过这一机会来证明她自己的能力，也好好地锻炼自己的胆量，发现自己的一些潜力，明白自己只是有些胆小，需要父母给加油，同时，又能够消除掉非要得一个名次的压力。

安琪的父母对安琪充满了信心，但是他们并不催促安琪，而是让她自己来做决定。

通过这件事安琪增强了独立性和勇气，而父母则很满意自己鼓励了安琪，使她没有失去一个很好的锻炼自己的机会。

在这种很敏感的情况下，父母一定要小心谨慎，给孩子自主权，让孩子自己做决定。

同时，孩子也希望父母能做我们坚强的后盾，给孩子们信心，相信孩子所有的能力。

请父母放手，划出一块空间送给孩子，因为这空间原本就是属于孩子自己的东西。

在孩子成长的过程中，应尽量给他们更多的自主空间。

每一位父母大概都忘不了孩子学走路跨出第一步时，自己的激动心情。如果父母能够留心孩子发展过程中的每一个阶段，我想孩子会有更多值得父母骄傲的地方。

在孩子学步的时候，一般是父母从他们身边退后一步，然后把手伸向他们，可是孩子刚好够不到。就这样，父母一步步鼓励着孩子往前走。给了孩子一个空间，让孩子能向前移动，同时又不依靠父母，可以独自地向前去。孩子在尽自己的努力，当赶上了父母，终于扑到父母怀里的时候会很激动、很欣慰，而做父母的也会为孩子们的成就而激动不已。

同样，孩子成长的其他方面也是这样。父母退后一步，给孩子一定的空间，也用不着过分地担惊受怕，也用不着过多地给予呵护，而只需要鼓励尊重，以及随时给予孩子爱的支持，孩子一定能通过真正的爱将自己最终引向幸福的生活之路。

一个具有健康人格的人是自由的人，而自由主要体现在这个人能够自主地、有选择地支配自己的行为。这种自主感不是凭空产生的，其中很大一部分来自少年时期对自由支配时间的体验。

创造自主空间，可以从下面几方面做起：

①遇事先自己拿主意。遇事先想该怎么办，自己做主，然后再听取父母的意见，从中学到解决问题的经验和技巧，这样才能使智力有所增长，培养自主的能力。

②尝试更多探索和试验的机会。允许自己独自在一定的限度内犯错误，甚至允许做错。但要学会从小独立思考和自我鼓励。

③不要太依赖外部的帮助。当你遇有困难时，不要轻易向父母求援或接受他们的帮助，随着你的成长，既要培养自己的责任心，又要

有越来越多的独立性，你可以逐渐减少对父母的依赖和服从，给自己更多的自由去管理自己的事情。

④学会从小自己做决定。一旦做出决定，就必须意识到要对选择后果负责任。比如，一个青少年如果在得到一星期的零花钱的第一天就把它花光了，那么他就必须忍受那个星期其余几天没有钱的滋味。自主能力往往都是在几次成功与失败的过程中培养起来的，不要太在意失败。

3. 培养孩子最基本的自理能力

自理能力是人生存和发展所必需的能力之一。培养孩子的自理能力就要让孩子从小从身边的小事做起，学会由易到难，学会一些自我服务的技能，如穿衣、整理床铺等。这些事看上去虽小，但实际上给孩子创造了很好的锻炼机会，无形中让孩子学到独立生活的能力。

但是在现实生活中，有一些父母怕孩子累着，怕孩子做不好，自己重新再做太麻烦，因而不让孩子做一些力所能及的事；还有一些父母认为，吃饭、穿衣等生活技能是不用训练的，认为孩子长大自然就会；更有一些父母认为，孩子目前最重要的是学习，不要让生活上的一些琐事干扰了学习。其实这些观念都是不正确的，不给予孩子锻炼的机会，就等于剥夺了孩子自理能力发展的机会，久而久之，孩子也就丧失了独立能力。

阿翔是个聪明的男孩，他的学习成绩很好，所以父母在家什么都不让阿翔干。阿翔没事的时候就在家打打游戏、上上网。阿翔的家离学校比较远，父母担心阿翔在路上太辛苦，到了学校没有充足的精力学习，因此，尽管他们的工作很忙仍然每天都会开车接送阿翔上下学。

一天晚上，阿翔的爸爸接到阿翔爷爷的电话，爷爷说阿翔的奶奶生病了，让他们赶快回老家看看。阿翔的父母立刻向单位请了假准备回老家看望阿翔的奶奶，考虑到阿翔已经上了初中，课业很紧，便没让阿翔回老家。父母和阿翔说："爸爸妈妈回老家估计得三四天，你要自己照顾好自己，给你这几天的生活费自己买饭吃吧，上学不要迟到，路上骑车的时候要小心啊。"第二天，爸爸妈妈就回老家了，阿翔一个人留在了家里。

父母走的第一天阿翔就迟到了。早上没有人喊阿翔起床，他自己也没有定闹钟，醒来的时候就快八点了，被子来不及叠，早饭也顾不上吃，阿翔赶忙洗洗脸就打车去了学校。

中午回家的时候阿翔买了很多零食，吃完后把垃圾袋摆满了桌子。阿翔也懒得收拾，看了一会儿电视就骑自行车去上学了。

晚上回到家，阿翔简单地写了写作业就去打游戏了，早上的被子还没叠，阿翔躺下就睡了。就这样，阿翔浑浑噩噩地过了两天，家里被他弄得乱七八糟，整个人玩游戏也玩得没有了精神。一天放学回家的时候，阿翔不注意看红绿灯，还骑得特别快，便和其他的自行车撞上了，车筐撞得变了形，阿翔的腿和胳膊也都被划伤了。

阿翔的父母不放心阿翔，看阿翔奶奶的病有了好转，阿翔的妈妈便回来了。一到家，阿翔的妈妈就看见满屋子的垃圾，阿翔的脏衣服扔得到处都是，被子也没叠，阿翔的妈妈很生气，一边收拾屋子一边埋怨阿翔："这孩子这么大了，怎么不会照顾自己呢？屋子也不收拾，天天吃零食……"中午阿翔回来了，妈妈本来准备好好教训他一顿，结果看到儿子胳膊上的伤便不忍心再说他了："你这是怎么弄的？怎么这么不小心？""不小心和别人撞了一下，只蹭破了点皮而已。"阿翔无所谓地说。

等阿翔的爸爸回来后，阿翔的妈妈便把儿子这几天的情况和他说了一番，两人都很担心儿子将来的生活。"儿子这么不会照顾自己，咱们怎么能放心他以后一个人出去上大学？"

其实，任何一个孩子都是由于家庭的教育和环境的影响才形成了不同的人格品质和能力。那些缺乏自理能力的孩子之所以什么都不会做是因为没有机会尝试。因此，父母要尽量为孩子创造动手的可能性，因势利导，把握孩子这个时期的心理特点，在保证孩子安全的前提下，放手让孩子去做力所能及的事情。当孩子完成一项工作后，做父母的要给予适当的肯定和赞赏，当孩子的存在价值、动手能力被肯定时，他们也会感到无比的兴奋和快乐，在很大程度上增强了自信心。父母不要总认为孩子小，许多事情都舍不得让他做而事事代劳，孩子没有机会练习，久而久之，很多事情就真的不会做了。

而很多孩子常常由于年龄小，所以他们早期出现的劳动热情往往会给父母增添一些麻烦，可能要浪费父母一点时间，甚至还会破坏一些东西，即便如此，父母也不能因此轻易地放过教育孩子的好机会，而要根据孩子的年龄特征和能力范围，给孩子分配一些简单的家务活，必要的时候，父母还要耐心讲解，反复示范，甚至手把手地教，再逐渐放手让他独立操作。

4. 教孩子学会自我保护

自我保护能力作为生存教育的一个主题，是一个现代人需要具备的素质之一。而孩子是祖国的未来、民族的希望，他们的健康和安全时刻牵动着父母的心。因此，从小培养孩子的自我保护能力具有重要意义。

但现实生活中，一些家长为了防止孩子遭遇危险和意外，习惯将孩子置身于自己的庇护之下，对孩子进行过度的保护，其实，这是孩子成长中的一大障碍，会阻碍孩子的发展。因为孩子总要长大，自己走上社会，在激烈的社会竞争中，最好的保镖是孩子自己；家长的过度保护会使孩子的独立能力得不到很好的发展。

据有关调查显示，平均每年都有大约两万名14岁以下的孩子非正常死亡，而导致他们非正常死亡的最大原因是交通事故。另外研究人员还发现，大部分的事故发生在家里或者家的周围。因为孩子一回到家里，父母就放松了警惕，认为孩子没有什么危险了。更重要的是，孩子没有自我保护意识，这导致一些事故频繁地发生在家里——这个本是父母认为最安全的地方。其实最安全的方法，是让孩子学会自我保护。

舟舟是个六年级的孩子，贪玩，但是父母对他非常放心，因为他的自我保护能力很强。有一次，舟舟在同学家玩到将近九点才想到回家。同学家离他家不远，但是要穿过一条车流人流比较少的街道。九点的时候这条路上的灯火都已经熄灭了，他一个人走在路上，突然感觉身后有一个黑影闪来闪去，他知道这个人肯定有什么企图，要不然不会这么鬼鬼祟祟的。他迅速使自己冷静下来，分析现在离家还有一段距离，跑肯定会让对方追上。他想既然逃不了，那就不逃了。他转过身后，用非常惊喜的口气喊道："爸爸，你还真快呢!"那个人没有说话。

舟舟装作不好意思地笑了笑，说："不好意思，叔叔，我还以为我爸爸追上我了呢。"那人心里有鬼，支支吾吾地说了点什么，便快步超过了他，逃走了。见那人走了，舟舟才感觉自己腿都要软了。

自我保护教育是素质教育的基本内容。如果孩子连自己的生命都保护不了，谈什么长大成才呢? 孩子学会自我保护是他们进入社会、适应社会必须学习的第一课。

许多父母为了让孩子成长在一个安全的环境里，便限制他们走出家门，努力为他们营造一个没有危险的空间，但这是非常有害的一种做法。父母的过度保护是孩子缺乏自我保护能力的重要原因。作为父母，最重要的是让孩子学会自己保护自己，毕竟父母不可能陪伴孩子一辈子，他们最后还是要走上社会，独自去面对人生中的风雨。

作为家长，我们要想尽办法让孩子远离危险，教会自己的孩子如何识别危险，以及在发生危险的时候怎样保护自己。

(1) 训练孩子喊"救命"的能力

也许有的父母感到非常奇怪，"救命"还用教吗? 孩子连"救命"都不会喊吗? 事实上，曾经有个学校开了一堂自我保护的课，许多孩子就不会喊，怕别人笑话。父母应该想到，当孩子遇到危险时，如果不能第一时间反应过来，那么他可能就会错失自救的机会。

因此，平时在家里，父母就应该训练孩子学会喊"救命"，让他们在遇到危险时能够顺利地脱身而出，争取最及时的救援。

(2) 培养孩子冷静从容的态度

面对危险时失去理智，无疑会让孩子陷入一个更为危险的境地。冷静从容、处变不惊，是孩子自我保护的基本前提。如果他们遇到危险时失去了理智，那么平时学习到的自我保护技巧就都想不起来，更用不上了。

父母应该告诉孩子，要学会隐藏自己的惊慌。遇到危险谁都可能惊慌，但是惊慌只会让犯罪分子得寸进尺。因此，父母应该告诉孩子，遇到危险时，要不断地在心里对自己说：一定要冷静下来，想办法。这种心理暗示能在关键时刻让孩子保持冷静的头脑。

(3) 给孩子灌输交通安全意识

据有关调查显示，交通事故是孩子非正常死亡的主要原因。这主要是由于孩子缺乏交通安全意识。父母主观地认为这没什么好教的，不就是看个红绿灯吗？在这个交通事故发生越来越频繁的今天，父母应该重视给孩子灌输交通安全意识。

小军是个四年级的孩子，他平时都是自己走路去上学，放学后自己回家的，父母对他也很放心，因为他们给孩子讲了许多安全知识。那天，他和许多人一起在等绿灯过马路，好不容易等来了绿灯，人群迅速地往前涌。

可是小军没有，他依旧仔细地观察着来往的车辆，这是爸爸告诉他的，因为可能有人违章驾驶会闯红灯。这时，果真有一辆车以极快的速度向人行道飞奔，小军马上向后退，迅速地保护了自己。事故造成了两死三伤，经调查，事故原因是司机酒后驾车。

父母应该告诉孩子，不要在马路上追跑嬉戏，这不仅是违反交通规则的行为，更容易把自己推向危险的边缘。另外父母应该告诉孩子，即使是绿灯，过马路走人行横道时，也要注意观看来往的车辆，以防意外。

(4) 告诉孩子日常自救方法

孩子的主要活动场所是家里和学校，但是家里和学校同样存在着危险。家里的电和气的使用等，父母应该耐心地跟孩子讲，不要试图用禁止他们使用的方法来避免事故。学校里与同学一起游戏时应该注意哪些，父母都应该耐心地给孩子讲讲。

另外，父母还要给孩子讲讲，遇到各种暴力犯罪时，应该如何保全自己；遇到火灾时应该如何自救；遇到地震时应该怎么逃生等。提前学习这些知识，会让孩子在遇到危险时，可能转危为安。

5. 培养孩子独立思考的能力

正如伟大的物理学家爱因斯坦所说："学会独立思考和独立判断比获得知识更重要。"他说："不下决心培养思考习惯的人，便失去了生活的最大乐趣。"父母要培养孩子独立思考的习惯，循序渐进地引导孩子认清世界，体味人生，思考自己的未来。

一个孩子能否成才，关键的还是在于从小能否进行有效的思考能力的锻炼。综观世界上那些有杰出贡献的人，他们都有一个共同点，那就是善于思考。

有着"数学王子"之称的德国数学家高斯，是个从小就善于思考的人。

高斯的父亲做泥瓦厂的工头，每星期六他总是要发薪水给工人。在高斯3岁时，有一次他的父亲正要发薪水，小高斯站了起来说："爸爸，你弄错了。"然后他说了另外一个数目。原来三岁的小高斯趴在地板上，一直暗地里跟着他爸爸计算该给谁多少工钱。重算的结果证明小高斯是对的，这把站在那里的大人都惊得目瞪口呆。

在高斯10岁的时候，老师在算数课上出了一道难题："把1~100的整数写下来，然后把它们加起来。"每当有考试时，他们都有如下的习惯：第一个做完的就把石板面朝下地放在老师的桌子上，第二个做完的就把石板摆在第一张石板上，就这样一个一个摞起来。这个难题当然难不倒学过算术级数的人，但这些孩子才刚开始学算数呢。老师心想他可以休息一下了。

其他的学生把数字一个个加起来，额头都出了汗水，但高斯却静静坐着。

这时候，老师发现高斯没动笔，而是皱着眉头想事情的样子，于是走上前来问他怎么了，为何还不开始计算。小高斯笑了笑，对老师说，他已经知道答案了，是5050。

老师被惊得目瞪口呆。

高斯对老师说，他仔细观察了这些数字，发现这一组数字中1加100等于101、2加99等于101……这样的等式一共有50个，因此这道题可以简化为"50×101=5050"。

看完高斯的故事，也许你会觉得他简直是个神童！其实，神童并非先天资质多么优越，只不过他们都有一个共同点，那就是喜欢思考。高斯正是因为善于思考，所以才做出了令人惊异不已的事。

可是，看看我们现在很多孩子，多数情况下都是一遇到困难，就想从父母或者其他人那里得到帮助，获取现成的答案。

实际上，孩子只有从小学会独立思考，才会更具有创造力，长大后也才能够更好地掌握自己的命运。作为父母，最重要的就是培养孩子的独立能力，让他懂得如何去思考，改变自己的人生轨迹，并为自己的人生绘出美好的蓝图。

现在越来越多的家长都已经意识到了让孩子学会思考的重要性，那如何让孩子学会思考呢？

(1) 鼓励孩子表达自己的看法

在很多家庭的教育中，都存在"父母专制"的现象。他们认为，自己比孩子经验丰富，自己的判断、决定也是强于孩子的，所以孩子只听就行了，没必要参与讨论。

岂不知，这样下去，孩子凡事都依赖父母了，他的心里会认为，怎么都得听父母的，自己也就没有必要发表意见。这样一来，孩子独立思考的能力不就被扼杀了吗？

其实，在任何情况下，孩子都应当被允许表达意见，不仅仅是他可接受的、安全的话题，而且要允许讨论、争论。这对孩子思考能力的发展起至关重要的作用。

如果孩子的意见正确，父母要肯定、表扬，让孩子增强发表意见的信心。在这种鼓励下，孩子爱思考的积极性就会大大增强，这样也就达到了父母培养孩子思维能力的目的。

(2) 保护孩子的好奇心

好奇心是孩子的天性，他们对所有看到的、听到的，甚至想到的事物都会好奇，想探个究竟。其实，这正是孩子求知欲望的反映，也是孩子智慧火花的迸发。

看看身边那些有主见、有思想的孩子，他们往往具有较强的好奇心。因为正是好奇心的驱使，使他们乐于探索和思考，并逐渐形成探索和思考的习惯。因此，作为父母，一定要尊重、保护和正确引导孩子的好奇心。

比如，当孩子提出问题的时候，父母只要知道，就要准确、通俗地给出答复；如果父母一时不知道答案，就要和孩子一起查资料或者请教别人，最终找到正确答案。这对培养孩子的想象力、思维能力有很大的帮助。

(3) 多为孩子创造思考的情境

在培养孩子爱思考的过程中，父母可采取向孩子提问的方式，这样会激起孩子了解问题答案的兴趣。这种提问，就是一种创造思考情境的方式。

所以，父母可以多带孩子一起外出游玩、参观，然后问孩子看到了什么，听到了什么。或者就某个问题和孩子展开讨论，问问孩子他的想法是怎么样的，或者他觉得怎样会更好，等等。

其实，这种思考情境的创设，除了培养孩子爱思考的能力和习惯外，也是保持家庭成员之间和睦相处的良好渠道。这样，会让孩子感觉自己在民主的气氛中成长，不会有什么拘束和压力。

事实上，每个孩子都有一定的独立思考的能力，所以，平时，父母不要急于给孩子现成的答案，而应鼓励孩子自己思考一下。如果孩子通过认真思考，还是想不出来，父母可以逐步提示，以此引导孩子思考。如果孩子回答错了，父母也不要指责孩子，而应耐心地为他讲解，同时提一些启发性的问题，来让孩子自己去发现和纠正错误。

6. 用赏识唤醒孩子的自信

每个孩子在成长的过程中都会遇到许多事情，有些是孩子能够解决的，而有些则是在孩子的能力范围之外的。在处理这些事情和问题的时候，也是孩子的自信心不断受到挑战的时候。如果父母不能给予孩子足够的鼓励、欣赏和肯定，孩子的自信就会受到打击。久而久之，孩子就会因为缺乏自信而放弃不断尝试、不断进取的意识，最终孩子就永远无法获得成功、取得进步。

所以，当孩子面临挫折的时候，父母需要用自己的强有力的支持和赏识来唤醒孩子的自信。事实也证明，来自亲人的、尤其是父母的赏识、鼓励和信任将会是孩子一辈子的财富。

在上学的时候，迪士尼就对绘画和冒险小说特别感兴趣，并很快读完了马克·吐温的《汤姆·索亚历险记》等探险小说，他梦想着自己以后一定要把故事变成图系。

一次，上小学的迪士尼出色地完成了老师布置的绘画作业：把一盆花的花朵画成了人脸，把叶子画成人手，并且每朵花都以各种表情来表现着自己的个性，但当时的老师根本就无法理解孩子心灵中的那个美妙的世界，竟然认为迪士尼是在胡闹，并当众把他的画撕得粉碎。当迪士尼反抗时，老师则更加严厉地批评了他，并告诫他以后不许胡闹。

委屈的小迪士尼很不高兴地回到家里。父亲见了沮丧的他就问缘由，听完小迪士尼的描述，父亲亲切地对他说："我认为你的画很有创意，只要你足够努力，并始终坚持下去，你一定会成功的。不管别人怎样评价你，爸爸都相信你。你自己也要记住，你能不能成功不在于别人怎么看你，不在于你现在是否失败，关键是你自己怎么想和你能不能持续努力。"迪士尼牢牢地记住了当时父亲的这些话。

第一次世界大战时，迪士尼报名当了一名志愿兵，在部队中做了一名汽车驾驶员，闲暇的时候他就创作一些漫画，并寄给一些幽默杂志。虽然他的作品几乎都被退了回来，但是他记住了爸爸的话，他知道自己一定能够成功。

1923年10月，迪士尼和哥哥罗伊在好莱坞一家房地产公司后院的一个废弃的仓库里，正式成立了属于自己的"迪士尼兄弟公司"，他创造的米老鼠和唐老鸭几年后享誉全世界，并为迪士尼赢得了27项奥斯卡金像奖。

可见，孩子的自信心除了自我激励外，也需要来自父母的赏识。

父母如果能够给孩子充足的赏识，不断激励孩子，相信他是世界上最聪明的人，对他的前途充满希望，孩子就会逐渐自信起来。

幼儿园第一学期家长会，班主任郑老师对她说："你的儿子橙橙有多动症，一分钟都坐不住，还总是骚扰别的小朋友，你最好带他去医院看一看。"

回家的路上，橙橙问妈妈，老师都说了些什么，她鼻子一酸，差点流下泪来。因为郑老师说全班30几名小朋友，只要橙橙表现最差，老师非常地不满意。

然而，她还是鼓励橙橙："老师表扬你了，说宝宝原来在板凳上坐不了一分钟，现在能坐三分钟了。其他同学的妈妈都非常羡慕妈妈，她们都夸橙橙进步了呢。"

那天晚上，橙橙破天荒吃了两碗米饭，并且没让妈妈喂。

橙橙上小学了。

数学老师再一次找到她说："全班50名同学，这次数学考试，你儿子排第42名，我们怀疑他智力发育有点迟缓，您最好能带他去医院查一查。"

回去的路上，她流下了泪。

然而，当她回到家里，却对坐在桌前的橙橙说："数学老师对你充满信心。他说了，你其实很聪明，只要再细心些，一定可以超过你的同桌，这次你的同桌考了19名。"

说这话时，她发现，橙橙暗淡的眼神一下子充满了光，沮丧的脸一下子舒展开来。

她甚至发现，橙橙从此变得温顺起来，好像突然长大了许多。

孩子上了初中，又一次开家长会。

她坐在橙橙的座位上，等着老师点她儿子的名字，因为每次开家长会，她儿子的名字总是能在差生的行列里被点到。

然而，这次却出乎她的意料，直到结束，都没听到。

她有些不习惯。临别，去问老师，老师告诉她："按你儿子现在的成绩，要想考本市的重点高中可能有点危险。"

她怀着惊喜的心情走出校门，此时她发现儿子在等她。

路上她扶着儿子的肩，心里有一种说不出的甜蜜，她告诉儿子："班主任对你非常满意，他说了，只要你努力，很有希望考上重点高中。"

高中毕业了。

第一批大学录取通知书下达时，老师打电话让橙橙到学校去一趟。

她有一种预感，橙橙被北京大学录取了，因为在报考时，她对儿子说过，她相信他能考取这所学校。

橙橙从学校回来，把北京大学的录取通知书交到她手上，她突然转身跑到自己的房间里大哭起来。

橙橙也边哭边说："妈妈，我知道我并不是一个聪明的孩子，可是，这个世界上只有你欣赏我……"

要想让孩子自信起来，父母的赏识是最好的武器。父母要在生活中给孩子尽量多的赏识，让孩子意识到自己无论何时都是父母的骄傲，无论何时父母都是爱自己的，这样孩子就能够从父母的赏识中得到足够的鼓励和自信。

第二章

知 识 财 富

——孩子，你一定要上大学

　　孩子，你一定要上大学，正规的大学。但，这与学历无关。因为你的人生中需要经历几年无拘无束又能染上书香的生活。

1. 无论掌握哪一门知识，都是有益的

几年前，美国著名的统计机构盖洛普组织，曾从《今日美国名人录》中随机选择了1500名有杰出贡献的人，探究他们成功的奥秘。选择的标准既不是财富，也不是社会地位，而是他们在所从事的专业领域中的现有成就。

在这些取得辉煌成就的人身上，有个共同的特点，那就是他们对所从事领域的专业知识无比精通的同时，还博学多才，涉猎甚广。

坦尼克石油勘探生产公司的创立者奥克斯莱认为，他的成功基于对石油专业知识的透彻通晓以及对新鲜事物孜孜不倦的学习。他亲身参加探油、采油工作，在大量的实践中掌握了第一手的专业知识。

正因为专业知识是杰出的基础，为了将来更加广阔的发展空间，让孩子从小养成努力探求知识的好习惯是非常重要的。在这方面，达·芬奇为我们树立了很好的榜样。

意大利文艺复兴时期，涌现了许多画家、雕刻家、建筑家，而达·芬奇是这个时代"在思维能力、热情和性格方面，以及多才多艺、学识渊博方面最杰出的巨人"，他在许多领域都有发明创造。之所以能够取得如此杰出的成就，和他努力探求知识的习惯是分不开的。

达·芬奇从小便勤奋好学，善于思考。他特别爱好绘画，还常常喜

欢用黏土做一些稀奇古怪的小玩意儿。他经常跑到小镇的街上去写生，邻居们都称赞他是"小画家"。

有一天，达·芬奇的父亲看见他在一块木板上画着一些蝴蝶、蚱蜢之类的小动物，觉得画得栩栩如生。为了培养他的兴趣，父亲送他到佛罗伦萨著名艺术家佛洛基阿的画室去学艺，那一年，他14岁。

佛洛基阿对学生要求十分严格，他给达·芬奇上的第一堂课就是画鸡蛋。从此，达·芬奇每天的任务就是拿着鸡蛋，认真地照着画。画了好长时间，达·芬奇有点不耐烦了。有一天，他实在忍不住了，便问道："老师，您为什么一直让我画鸡蛋呢？"佛洛基阿听了，耐心地对他说："你别以为画鸡蛋很简单，在1000只鸡蛋中，从来没有两只鸡蛋的形状是完全相同的。即使是同一只蛋，只要变换一个角度，形状便立即不同了，还有，你从不同的视角看，这个蛋的轮廓也有差异。想要在纸上把它精准地展现出来，并非一件容易的事情。通过画蛋，能够提高你的观察能力，你能发现每个蛋之间的微小的差别，进而锻炼你的手眼的协调，做到得心应手。绘画，最重要的就是基本功，你不要浅尝辄止，一定要耐心地画下去！"达·芬奇认真地点了点头，从此画得更加刻苦认真。这生动的一课，不仅为达·芬奇的绘画艺术打下了坚实的基础，更对他日后钻研多方面学问有很大的启迪。达·芬奇通过跟佛洛基阿的学习，不但在艺术方面得到了良好的学习和训练，而且还阅读了大量书籍，结识了一批艺术家和学者，在许多领域都打下了知识基础。

后来，达·芬奇在总结童年学画的经验时，他告诉下一代艺术爱好者们说："……你们天生爱画，所以我对你们说，你们若想学得物体形态的知识，须由细节入手。第一阶段尚未记牢，尚未练习纯熟，切勿进入第二阶段；否则就虚耗光阴，徒然延长了学习年限。切记，艺术得勤奋，勿贪图捷径。"

无论掌握哪一门知识，对智力都是有用的，它帮助我们把无用的东西抛开，而把好的东西保留住。父母一定要告诫孩子，趁年轻少壮努力学习知识，它将为孩子的未来有所成就奠定良好的基础。

2. 激发孩子浓厚的学习兴趣

兴趣是学习和求知最大的动力。这句古老的谚语今天和以后都不会过时，它所包含的是人类知识获取的一个古老而充满智慧的法则。同样，诱导是教育和培养孩子的最好的方法。这句话今天和以后也不会过时。

几乎所有的孩子都对小动物有浓厚的兴趣。蚂蚁、小鸟、蜜蜂或者是小鱼，会吸引孩子很长时间的注意力。要他们花20分钟去背诵一段名篇或一首小诗，常常是非常困难的；但他们会在没有任何督促和要求的情况下，花上一个下午去观察一群蚂蚁的活动。这就是兴趣的力量。

对于"学习"，为什么有的同学能乐此不疲、全神贯注，有的则感到厌恶、苦不堪言、心不在焉呢？就是由不同的学习欲望和兴趣造成的。

学生时代是学习的大好时机，也应是学习的欲望最强烈的时期。

可是，现实中为什么有很多"讨厌学习""不愿学习"的学生呢？据调查与分析，大体上是有下列原因。

一是基础差，自卑感强。有的学生一度很用功，但学习就是不好（多数归因于基础差和缺乏方法），就认为自己天资差、脑子笨，再努力也白搭，于是对学习无信心、无兴趣。

二是没有科学的学习方法。只是凭感觉、按习惯用功，效果自然不理想，于是认为学习是很费劲的事。

三是课堂内容枯燥乏味。教师讲课缺乏吸引力、不生动、枯燥乏味、作业布置不适当等，从而使孩子认为学习是件枯燥无味的事。

四是对学习的逆反心理。有的孩子由于经常在学习上受到低评价，得不到老师的重视，加上心理素质较差，对学习逐渐产生紧张、焦虑、不安、麻木、恐惧以致反感，产生了逆反心理，经常赌气中断学习，一提学习就倒胃口。

学习真的是那么可怕、讨厌吗？恰恰相反，学习本是一件能给孩子带来无穷快乐和无比幸福的事。只要你掌握了科学的学习方法，就会发现原来学习并不是那么可怕的，你付出一点点，它能给你许多许多。你的学习欲望、学习效果就会由此形成良性循环。

家长要让每一个孩子都确立这样一个信念：眼前的学习机会失而不返，务必珍惜；学习完全是自己的事，"我要学"才能使你体会到无穷的快乐，"要我学"则只会徒增烦恼。

如何激发孩子的学习兴趣呢？具体可参考如下建议。

(1) 激发孩子的求知欲

孔子早在2000多年前就说过，知之者不如好之者。陶行知先生也说，学生有了兴趣，肯用全副精神去做事，学与乐不可分。只要你对学习产生兴趣，就能提高学习的效率。

(2) 增强孩子的自我有效感

要激发孩子的学习动机，就是要增强他的自我有效感，要让他觉得自己有能力完成学习任务，认为自己的能力可以提高。要让孩子在学习过程中看到自己的成功，并让自己在各种不同的学习中有可能获得这种机会，从而体验和认识自己的能力。同时，要让孩子在自身的进步中体验成功的喜悦，确立自我参照标准，从自身变化中认识自己的能力。

(3) 对孩子进行必要的归因训练

要让孩子学会正确的归因方式，也就是把每一次取得良好的成绩归结为自己的努力，而不要归结为运气，当然，如果孩子的学习能力强，也可以做能力归因；当每一次取得不好成绩时，尽量要认真分析自己的原因所在，而不要找客观原因。如果长期寻找外部原因，会养成自欺欺人的习惯，对自己的学习不太有利；如果是归因于自己的努力不够，他就会暗下决心，争取下次一定能考好；即使再次没考好，也不要归因于自己的能力不足，而要在学习方法和学习策略上下功夫。长期这样，他的学习就会不断取得进步。同时，形成这样正确的归因方式，对孩子未来的成功也具有很重要的意义。

(4) 创设有利于学习的氛围、环境

这种氛围和环境包括：学习环境、家庭环境和社会环境。良好的学习氛围和学习环境是激发孩子学习动机、促进孩子成才的外部条件。使孩子置身于良好的环境中，促使他形成好的思想品德，这将对他的学习和发展有利。

学校的环境主要靠孩子自己去创设，要提醒他尽量和爱学习的同学在一起，不要管人家的成绩怎么样，只要喜欢学习，就会受他的影响。

3. 知行结合，不读死书

近年来人才市场上出现了高学历、低能力的危机。用人单位招人时已从看重硬件——学历，转变到看重心理素质、解决实际问题的能力和开拓精神。同时，也已从注重笔试转变到注重面试。在人才市场上，孩子面对的不再是纸质的试卷，而是一道道生活工作的实践题。好的品质、好的习惯、好的能力是"践行"出来的。因此家长从孩子上学起就要重视解决其高分低能、动手差的问题，家教应从单一读书、知行脱节转变为以学为主、知行结合。

有这么一个小故事：

在一艘航行的船上，一名教授傲慢地询问船长的受教育程度。

"你有没有学过天文学？"骄傲的教授问道。

"我不能说我读过。"船长毫不在乎地回答。

"那可以说你浪费了你人生的1/4，因为根据星座位置，有经验的船长便可以让船顺利地到达世界的任何一个角落。"然后，他又问，"你有没有学过气象学？"

"没有。"船长回答。

"那你几乎浪费了你人生的一半，"教授斥责道，"跟随风势而行可加快船速。"然后他又问，"你有没有学过海洋学？"

"完全没有。"

"天哪！你绝对是浪费了你人生的2/3！了解水文是水手该做的事，只有这样你才能找到食物与帮助。"

几分钟后，船长开始走向船尾。当他缓步前行时，他冷冷地问教授："你有没有学过游泳？"

"没有时间。"教授仰起头骄傲地回答。

"那不管你学了什么东西，你的人生全白费了——船要沉了。"

这个故事告诉我们，学习理论是必要的，但一定要结合实际，"书呆子"是解决不了实际问题的。

家长都企盼孩子成功，这种愿望是好的。但有的父母只注重孩子的考试分数，忽视了其所学知识和实际的结合应用，忽视了对孩子进行做人与做事的教育，结果培养出来的孩子眼高手低，只会纸上谈兵，不会做人也不会做事。这样的孩子在考场上也许能取得高分，可在人生的舞台上却会失分。

孩子从幼儿园、小学、中学到大学，漫长的二十多年，无疑是以读书为主，在学中成长、成人、成才，但也要做到知行合一。

在20世纪30年代的清华园，学生时代的钱锺书就立志要"横扫清华图书"，即把清华图书馆130多万册藏书从A字第一号开始通览一遍，有的还要做批注。他上课从来不做笔记，还浏览其他书刊，可是一到考试，只要略加复习，便可考出优异成绩。

钱锺书在清华读书4年，共读了33门课程，其中29门必修、4门选修，包括英文、法文、伦理学、西洋通史、古代文学、戏剧、文学批评、莎士比亚、拉丁文、文字学、美术史等，除第一学年体育和军训术科（第二学年以后这两门课获准免修）吃了"当头棒"外，其余绝大部分都是优秀。钱锺书的成绩，当时在文学院和全校都是罕有匹敌的。

直至钱锺书先生去世前，他一直在孜孜读书，乐此不疲。

虽然钱锺书先生一生孜孜读书，但他不主张做"书呆子"，而是强调追求真正的学问。可以说，钱锺书先生毕生都在追求真正的学问。他的《管锥编》一书，包括了古今中外近4000位著名作家的上万种著作中的数万条资料，内容几乎涉及全部的社会人文科学。对众多学科的知识进行比较、评说，并做出结论。这是一部充满人生感悟和洞察力的书。它谈愚民、谈酷吏、谈冤狱、谈艺文、谈方正圆滑、谈世道人心，是一本纵横捭阖、浩浩荡荡、如大江一样奔腾的皇皇巨著。

钱先生的真知卓识源于他综合思考的治学方法。他认为要多读书、多比较，从中发现问题，认真思考；在许多时候，则应变换视角，发掘新意，触类旁通，达到"通识"。

我们说有字的书要学，无字的书也要学。无字的书是指社会实践。著名儿童教育家陶行知先生说："生活即教育。"整个社会是生活的场所，亦是教育之场所。因此，我们又可以说："社会即学校。"放眼社会，接触社会，参加社会实践活动，可以让孩子学到书本上学不到的知识。

你想知道梨的滋味，必须亲口尝一尝；你想使用电脑，必须多练一练；你想学会经商，必须在商海里摸爬滚打；你想创新科技，必须在实践中历练，不怕挫折。因为实践长才干，历练出人才，孩子要通过知行结合，来提高综合能力。

知行结合内涵丰富，博大精深，这里仅讲部分含义：

一是知书达理。学习掌握做人做事的基本的文化、历史、社会、经济、科技、生活等知识，追求真正的学问。

二是专业的知识技能。在较长的学习生活中找寻自己的兴趣、特长，为日后的职业生涯打好基础。

三是培养实现人生目标必需的基本能力。包括独立自主的能力、人际交往的能力、合作共事的能力、正确决策的能力、创新的能力、抓住机遇的能力。

4. 开发孩子智力一点都不难

做父母的都希望自己的孩子聪明，希望自己的孩子智力超群，甚至想把孩子培养成一个小"神童"。这就需要父母从各个方面来加强对孩子智力的开发，让孩子从小就接受训练。虽然说一个人的智力有着遗传的因素，但是，后天的教育更为重要。

孩子的智力需要开发，这是一个毋庸置疑的问题。现在的父母都希望自己的孩子是一个高智商的人，想尽各种方法来培养孩子，开发孩子的智力。其实，孩子的智力是可以开发的，父母可以从以下几个方面着手：

(1) 通过音乐教育开发孩子的智力

音乐对于孩子来说具有一种强烈的感染力，它可以非常容易就引起孩子在感情上的共鸣，孩子最早所接受的教育就是从感受音乐开始的。通过音乐，可以把孩子那份很可能被埋没的才智挖掘出来。

①感知能力的训练

父母在对孩子进行音乐教育的时候，一定要重视孩子感知能力的发展。父母可以对孩子做一些简单的感官训练，比如让孩子说一说、拍拍手、跺跺脚、敲敲打打，等等，借此培养孩子眼睛、耳朵、嘴巴与手脚的协调。

②语言能力的培养

语言能力是智力发展的重要条件。在日常生活中，父母可以选择一些朗朗上口的儿童歌曲或者优秀的儿童小故事讲给孩子听，这样可以让孩子在音乐与故事的感染下丰富词汇，从而促进其语言能力的发展，寓教于乐。

(2) 思维能力是智力的核心

孩子的思维是随着语言的掌握发展起来的。当父母在教孩子唱歌的时候，可以让孩子在熟练掌握歌曲旋律的情况下自己编曲，自己填上想唱的歌词，还可以让他/她编几个和歌词相对应的动作。这样对孩子思维能力的发展是有所帮助的。父母还可以为孩子选择不同的音乐，以启发孩子根据不同的音乐来表达自己不同的感受。

(3) 在游览中开发孩子的智力

怎样利用参观游览来促进孩子身心健康和智力发展，同时达到让孩子获得知识和开阔眼界的目的呢？

首先，当父母带着孩子参观和游览时，应该一边走一边和孩子谈话，在游览的过程中看到什么就要给孩子讲什么。当发现孩子对一些事情感兴趣的时候，就可以针对这些事情对孩子进行一些有关的知识教育，在讲解的时候一定要注意知识的准确性。

其次，如果是去一些既定的地方参观和游览，父母应该对要参观的地方事先做一些了解，也可以找一些资料，做好知识方面的准备。如果有一些资料找不到或是解说得不是很详细的话，可以根据里面的说明牌给孩子讲解。

最后，父母必须明确自己的目的，要知道除了游玩之外，最重要的是让孩子获得一些知识，让孩子从中学会观察，得到锻炼。所以，当观察动物时，要让孩子去注意动物之间的不同和相同之处；观看植物时，让孩子注意看不同的花和不同的树之间有什么区分，这样才能培养并提高孩子的比较和鉴别能力；当参观一些名胜古迹、古代建筑的时候，要让孩子注意建筑物的形体特征、比例和色彩等方面的问题。并且要让孩子懂得，今天看到的这些壮观的建筑和秀丽的风景，都是人们用智慧和辛勤的劳动创造出来的，这样可以培养孩子的爱国主义思想以及对创造活动的向往。

想要做到这些，父母必须要有渊博的知识，才能正确地回答孩子所提出的问题，从而满足孩子的好奇心，并且充实他/她的知识面，相对地，他/她的智力也就会有所提高。

(4) 在劳动中开发孩子的智力

很多家长在周末做大清扫的时候，往往是一个人在打扫卫生，而另一个人在照顾孩子。其实这种做法并不是最佳的，父母完全可以让孩子试着参加家庭劳动，不久就会发现，孩子在劳动的时候是快乐的，并且通过劳动还可以提升孩子的智商和情商。

劳动是中华民族的传统美德。让孩子参与劳动不仅可以扩宽孩子的知识面、锻炼孩子的意志力、增强孩子的责任心，而且还可以培养出孩子做事有始有终、尊重他人劳动的良好品质。

研究发现，就算是一些年龄小的孩子，比如三四岁的孩子，他们的身心发展水平也都已经具备了参加一些简单劳动的基本条件。他们的体力随着年龄的增长而加强，身体的活动也日渐自如，手的动作也越来越灵活。当他们有一些简单的知识经验后，再加上孩子都是有着超强的好奇心，并且好动、好模仿，在正确的教育影响下，他们是会乐意参加各种力所能及的劳动的，而且他们还可以从劳动中获得知识、找到快乐。所以，父母不要把所有的家务劳动都自己做，可以带着孩子一同劳动，并且一同分享劳动所带来的快乐。

5. 让孩子懂得：学习是为了自己

在外界压力下不自觉地学习，是为别人学习。只有为了自己而学习，才能激发持久的学习热情。

有位父亲，曾讲了一段他儿子求学的经历。

儿子以优异的成绩考上了外国语大学，他引以为傲。之前，他儿子读高中的时候懒懒散散，对什么都没有兴趣，成绩在班级中处于中下游，老师和家长都非常着急，思想工作做了不少，大道理他也全懂，就是提不起学习热情。他的父亲很失望，逢人便说："我在单位里当支部书记，经常给别人做思想工作，为什么就说服不了自己的儿子呢？他每天上学，书包还要我来整理，没有我的照料，恐怕他会把自己也弄丢。"

正在他一筹莫展之际，转机到来了。他国外留学回来探亲的外甥来看舅舅，那外甥能讲一口流利的英语，给他们描绘了许许多多的国外风情，也讲述了许多自己多年拼搏而小有成就的经历。在一旁的儿子表现出了极大的兴趣，对父亲表示，高中毕业以后，也要去国外留学。

父亲说："你怎么去啊？"儿子说："你给我筹钱啊。"父亲因势利导："有钱就可以了吗？你英语过关了吗？到了那儿别说上课什么的听不懂，恐怕出门问个厕所也做不到！"留洋的外甥也在一旁说："英语过关是最起码的要求，否则你怎么生活呢？我们在国外全靠自己谋求生存，没人能完全替代你。我们读书都很勤奋，要在国外站稳脚跟，就要学习学习再学习，因为我们每个人都知道，学习是为了自己。"

就这么一句"学习是为了自己"，深深地烙在了儿子的心中。

从此以后，儿子完全变了，常常说学习是为了自己，要学一口流利的英语，要出国深造，要考上一流的外国语大学。学习目的很明确，学习是为了自己的生存，为了自己的发展，还有什么比这更有动力呢？

其实"学习是为了自己"这一观念，人人心中有，人人口中无。"为了自己"似乎太自私，没有"为社会服务"来得大气，学习的目的似乎就在一片高不可攀的豪言壮语中变得越来越模糊不清，学习的热情也始终无法调动起来。

其实两者也并不矛盾，为了自己也是为了国家、社会，说得大气一些是为了全人类。个人是社会的一分子，个人的贡献往往为了自己也为大家，两者之间并不对立。一个伟大的科学家的诞生，首先科学家自己名利双收，同时也是对社会的重大贡献啊。

如果你的孩子还不能领会，可以再直观一些，给他讲一些学习可以改变命运的生动的故事，带他去拜访拜访成功人士，甚至可以带他去名牌大学走走。那高楼深院中的学术氛围很容易打动人心，要告诉自己的孩子，这里是迈向成功的阶梯，而走向这个阶梯只有靠自己。

6. 教孩子自主制订学习行动计划

长期向着一个目标前进是一件非常不容易的事。大多数孩子在制定了学习目标后，却不知道该如何有步骤、有计划地去实现学习目标。因此，帮助或指导孩子制订具体的实现目标的计划和行动方案就显得十分重要了。凡是教子成功的父母都尤其注重这一点。

剑桥女孩孟雪莹的父亲把帮助孩子制订具体的学习计划叫作"目标引导行动"。他所说的"引导"，主要是帮助孩子制订实现目标的具体学习计划。但是，计划一定是孩子自己订，家长切不可越俎代庖，最多只是提出一些合理建议。正是通过父亲的指导、帮助，孟雪莹制订了一份既详细具体又贴合自身情况的学习计划。

孟雪莹在读北大的时候，依然保留着通过制订计划达到目标的好习惯。因为有了详细的计划，心中的大目标就被分割成一个个的小目标，这样目标就在心中变得越来越明确、具体，这一个个的小目标督促着自己一步一步往前走。

孩子自己经过思考、设计出来的"行动计划"，是孩子自己的选择与判断，是主动自发的。在制订计划的过程中，孩子更能切身体会到自己的真正水平，更能全面考虑到计划实施过程中将会遇到的各种难题，可以很好地锻炼自己的统筹能力。这对孩子的发展是极为有利的。这和家长代替孩子来为其制订"行动计划"不可同日而语。孩子一旦真正学会了制订合理的学习行动计划，并经常为自己设置目标，那么其自主学习的积极性将会被充分激发出来。

7. 最好常与孩子一同学习

随着生活节奏的加快，一方面，父母越来越清醒地认识到"学习"是提高孩子生活质量、体现生命价值的重要条件，另一方面，如何处理自身业务进修、家务与督促孩子学习之间的矛盾已成为父母们的棘手难题。

是否有家庭、事业两不误的两全妙方呢？

建议父母，不妨和孩子一起学习，以自身进修激发孩子学习欲望，促进营造家庭浓郁的学习氛围。

我们来看一段"父子同学"的佳话。

故事里的父亲是一位33岁的小学音乐老师。当初中毕业时，他为分担家庭困难，忍痛放弃大学梦进了中师。工作后他开始了漫长而艰苦的自学。这时，他已不再仅仅满足于一张曾经梦寐以求的大学文凭，而是为了活得更有神采，为了不断充实和提高自己。

他参加声乐进修，为的是做个受学生欢迎和爱戴的好老师。他参加公共关系专科进修，是为了更好地挖掘自己的潜能，广告、文案、主持使自己生活得绚烂多姿。教养儿子，也是他学习的重要内容。

他的爱人在医院工作，上三班倒，还要参加业务进修。他作为父亲，除了照顾儿子吃、喝、拉、撒，还要负责开发孩子的智力，照顾孩子的学习。

于是，他和孩子一起学习看书。动物、植物、日常用品、世界名著……他每晚给儿子讲故事，故事不能重复，不能遗漏，还要创编。由儿子命题，或者儿子开个头，爸爸口头作文，稍不留神便让儿子抓住把柄推倒重来。

为此，他经常光顾少儿书店。为讨论"十万个为什么"翻找大量的教育学、心理学著作，而且时时将育子感悟记录下来。在这样一位爱钻研的爸爸的影响下，儿子对幼儿园花坛里的芭蕉根也会浮想联翩："这是地上的鸟窝，还是蚂蚁的游泳池呢？"

他欣赏卡尔·威廉父亲的一句话："每个孩子生下来不一定是天才，但父母应尽可能使他们成为天才。"作为老师，他了解教育的原理。作为父亲，对于早期教育他从头学起。他自己小时候的遗憾使他更加珍惜与孩子玩耍嬉戏的时间。因为这是一项多么有意义的工作！

这位父亲相信"常与父亲相处的孩子智商高"这个说法，而且乐于亲身尝试。而他更相信浓郁的家庭学习氛围对孩子一生的影响巨大。因此，在家中大人学习进修的同时，有意无意地把儿子也带入了学习的天地。

有时候，小孩的眼光、小孩的感觉是值得大人回味的，无邪的童真、无畏的探险、奇妙的创造，是我们大人应该对他们肃然起敬的。孩子，是一本讲不完、读不透，需要我们不息探索的教科书。

和孩子一起学习，父母可给孩子一个榜样。让孩子知道人为什么要学习，为什么每个人都要学习。只有学习，才会令你更聪明，才有本领建设我们的国家，才会是一个处处受人欢迎的人。

当孩子看到大人有书桌、厚厚的书籍，埋头学习时，孩子自然也会渴望，自己有角落、小天地，有各种各样的书……父母还可以把自己曾经获得的一些奖状、证书给孩子看，告诉他，这是爸爸妈妈学习的结果，就像农民伯伯辛辛苦苦劳动后获得的果实，就像老师奖励你的一颗颗五角星。

爱学习的孩子，并不等于他将来一定会有大的成就。但有一点可以肯定，爱学习的孩子，一定是一个能适应今后社会飞速发展的人。

我们做父母的，不可能教会孩子很多东西，但现在我们至少可以为孩子培养爱学习的意识。让孩子觉得，学习是一个过程。每个人都要学习，这是一种生命观、价值观的体现。只有学习，才会发现你的不足，才能促进我们几代人共同进步。

我们建议，父母不必花许多钱去提高孩子的学习兴趣，而要让孩子们看到你们在读书。和他们一起学习，也不要给孩子太多的压力。父母须为孩子创造一个无忧无虑的学习环境。

还要提醒的是，许多时候父母只看重分数。如果孩子是个全优生，却不能告诉你他为获得这样的好成绩都做了些什么，那么，这时父母还要对他的学习过程进行全面的了解。当孩子需要帮助的时候，父母可以给他们一些启示，让他们自己找出答案。

考试成绩差，只是该同孩子谈一谈的信号。是什么原因使他落后了？他需要辅导吗？还是因为他没有做作业才使成绩不好的？这些父母都要清楚地了解到，之后，才能找到帮助孩子提高成绩的方法。

和孩子一起学习吧，记得学海无涯，一起进步吧。

第三章

自 强 不 息

——孩子，天塌下来都不要哭

不要抱怨。那样会让爱你的人心痛、恨你的人得意。平静地承受命运，爱你的人自会关心。

1. 锤炼孩子的勇气

心理学家M.斯科特·派克说："在这个世界上，只要你真实地付出，就会发现许多门都是虚掩的。微小的勇气，能够完成无限的成就……如果你幸运，与生俱来就有勇气这种品性，那么很值得恭贺；如果你还没有养成这种性格，那么尽快培养吧，人的生命很需要它。"

当我们遭遇困境的时候，勇气是我们克服困难的信心，勇气是我们面对困难的坚定力量。而当我们在开创性地做一件事情的时候，勇气就是我们迈向成功的第一步，勇气就是成功的敲门砖。

森林里有一只非常胆小的刺猬，它不敢自己出去，便整天跟在妈妈身后，不离开妈妈半步。有一天，刺猬妈妈身体不舒服，不能出去找吃的，而小刺猬又非常饿，所以它让小刺猬自己出去找一些东西吃。小刺猬虽然很害怕，但是没有别的办法，便只好自己走出家门。

走在路上，小刺猬总感觉有东西在它身后，森林里的一切事物都让它胆战心惊。突然它看到树枝间一个毛茸茸的东西发出了声响，小刺猬便吓得边跑边大声喊："救命呀，有老虎！"

树上的猴子转身对它笑笑说："我是金丝猴，不是老虎，别害怕。"小刺猬这才把头转过来，仔细一看，果真不是老虎，它不禁为自己的胆小脸红起来。

小刺猬继续向前走，结果没走多远，它就遇到了真正的老虎。这只老虎凶狠地看着小刺猬，张开血盆大口，要把它吃掉。小刺猬看到这种情形，吓得赶紧缩成一团。

老虎为难了，这个小东西浑身是刺，如果真吃了小刺猬，恐怕自己的嘴巴和舌头都要被扎得不成样子了。于是，老虎就趴在地上，等着小刺猬把身体展开，最后，它甚至打起了瞌睡。

小刺猬一看老虎在这儿等着，它开始着急了，自己到现在还没回家，妈妈一定急坏了，而且它还没找到食物，自己饿着，妈妈也在家饿着呢。小刺猬被逼得走投无路，只好壮起胆子与老虎对抗。它把身体缩成一团，准备从老虎身边滚过去，结果一不小心把老虎刺醒了。老虎立刻精神起来，对它大声喊叫，但是小刺猬全身上下都是刺，老虎再发怒也拿小刺猬没办法，最后只好自认倒霉地走了。

战胜了老虎后，小刺猬继续上路寻找食物，到了晚上，它采了许多果子带回家，并把遇到老虎的事情告诉了妈妈。妈妈高兴地对它说："你真是个勇敢的孩子，连老虎你都能打败。"小刺猬心有余悸地说："我开始也很害怕，但我实在没有别的办法了，所以才想和它对着干，而且后来我发现老虎根本就对我无计可施，所以我就大胆地从它身边跑掉，结果我成功了。"

勇气是一个人成功的必备素质，是孩子主动进取的动力，是孩子成长的活水之源，是孩子不可或缺的性格优势。

那么，父母怎样做才能锻炼孩子的勇气呢？

(1) 从日常的生活做起

锻炼勇气不能靠口头说教，而须贯穿在日常生活中，指导孩子克服胆怯、懦弱和紧张，使他在生活中得到锻炼和考验，让他拥有一颗勇敢的心，在人生之路上大胆地迈步向前。

(2) 为孩子树立榜样

榜样的力量是无穷的，无数英雄人物在追求真理时，在集体和他人遇到困难、危险时，都能表现出勇敢献身的精神，令人敬佩，值得孩子学习。

孩子的人生观、道德观以及性格都是在多渠道教育影响下逐渐形成的，在这样一个过程中，孩子特别需要父母对他的关怀和指引。作为父母，应有意识地多给孩子讲讲表现出大智大勇精神的英雄故事，指导他学习英雄人物的勇敢性格，让孩子在形成高尚的人生观、道德观的同时形成勇敢的性格。

(3) 通过各种活动锻炼孩子的勇气

夏天可带孩子一起去游泳；冬天可同孩子一起去滑雪；在儿童乐园里，父母甚至可跟孩子一起玩体育游戏，乘滑梯、爬攀登架等。这些活动，都深受孩子的喜爱，能让他在快乐中锻炼勇敢的性格。

(4) 营造良好的家庭环境和生活氛围

在家庭里，父母要和睦、融洽相处；还要尊敬、爱戴长辈；对小孩子也要友善、随和、不苛求，这样才能使家庭保持轻松、愉快的气氛，也才能为孩子的成长建立宽松的家庭环境，让他的身心得到和谐发展，适应能力也会增强。相反，如果孩子一回到家里，就总是见到板着面孔的父母，听到刺耳的训斥和喋喋不休的争吵，感受到冷冰冰的家庭气氛，孩子自然就会变得敏感、胆小、怯弱，容易紧张。

(5) 培养孩子正确的思想观念，树立崇高的理想

心理学家研究表明：人的思想观念、理想、信念等常常制约着人的性格形成。一个人如果树立了远大的理想，那么，他就可能形成符合他人利益要求和有利于个人发展的性格特征；否则，"勇气"也可

能变成鲁莽、粗暴、蛮不讲理的表现形式和代名词。

(6) 言传身教，支持鼓励

在孩子的成长过程中，父母的言行举止很重要。俗话说："将门出虎子。"孩子性格和良好品德的形成，都受到父母的影响。因为父母是他最亲近、最可信任的人。因此，父母在平时的生活中，对他人、对家庭、对集体、对社会，都要表现出"勇"的特性，并将其传给孩子：要勇于承担责任，切忌各人自扫门前雪，不管他人瓦上霜；家中有客人来，要跟孩子一起主动问候招待；别的孩子闹矛盾，要动员孩子热情勇敢地去做化解工作；学校布置的活动，要支持孩子积极参与；课堂学习，要鼓励孩子踊跃发言；家中事务，要让孩子多多发表意见。这样，给孩子创造一个良好的环境，孩子的勇气才会在学习、生活的实践中得到锻炼。

2. 用知识驱除孩子的恐惧

有的孩子怕黑，不敢进没开灯的屋子；有的孩子怕动物，看见老鼠、蟑螂、小虫等会被吓哭；有的孩子怕打雷、怕龙卷风，看到电视上的相关画面就担心地问家长是不是地震、龙卷风要来……似乎孩子对各种自己不了解的事物都抱有恐惧心理。一般来说，人类通常会对自己不知道的东西感到害怕，这是人之常情。但是像怕黑、怕打雷这类恐惧情绪，明显是因为缺少自然知识所导致的。只要父母对孩子进行自然知识的教育，孩子就能摆脱对这些事物的恐惧，培养勇敢的性格。

为了照顾自己的生意，李先生一家移民到美国。李先生在纽约给儿子找了一所小学，他每天都很关注孩子的上学情况。美国小学的教育方法常常让他很吃惊，但吃惊之余觉得人家的教育方法也有道理。

一天，儿子放学回家拿出一张画给李先生看。孩子说："爸爸，你看这幅画像不像我？"李先生一看，吓了一跳，他看到孩子正拿着一幅画着白骨的骷髅画。

"你为什么画这个？"李先生不解地问。

"老师让画的。"李先生不相信，为了一探究竟，他决定跟孩子一起到学校看个究竟。

第二天一大早，李先生赶到了学校。走进了儿子上课的教室。只见教室的墙上挂满了白骨图，他数了一下，一共有19幅。班上共有18个学生，加上老师正好是19人。

"爸爸，你看这张是我。"儿子指着墙角的几乎与他个头差不多的一张画对李先生说。李先生仔细一看，画的右下角还写着儿子的名字。这19张画仔细看像是医学院教学用的尸体解剖图，学校为什么要这些小孩子欣赏这些图呢？

儿子的老师进来了，老师告诉他说这是她上"勇敢课"的教具。她解释说，美国的小学很重视对孩子勇气的培养，老师给孩子看这些图就是想让孩子对自己的身体进行了解，让孩子学习知识的同时，也让孩子从小就明白这些东西不可怕，是每个人身上都有的。

后来有一天晚上电影散场后，李先生与儿子在往家赶的路上，他问儿子，天这么黑，怕不怕鬼？儿子用很专业的口气告诉他，根本没有鬼，人死了只留下尸骨。

美国小学的教育方式让李先生很敬佩。

中国的家长在孩子小时候经常吓唬孩子，孩子一闹，家长就会说老虎来了，不听话就把你丢到外面，让老虎把你吃了。一听这话，胆小的孩子立即就被震住。这样一来孩子是变得听话了，但是孩子同时也被家长吓得胆小了。孩子对于那些常识性的东西也越来越害怕，不敢去面对。这也是为什么现在有不少孩子不敢一个人睡觉，不敢独自走夜路，甚至不敢到一个没有电灯的屋子里取东西的原因。

为了使孩子勇敢起来，父母不妨从以下几个方面着手训练孩子的胆量：

(1) 教给孩子正确的自然知识

无知和愚昧是产生胆怯的根源，只要父母教给孩子足够的自然常识，孩子就一定能够摆脱对某些自然现象的恐惧心理。父母可以给孩子买一些相关的书籍，比如百科全书，让孩子从书中寻找自己所不知道的知识。父母还可以多带孩子到博物馆去看看走走，让孩子感受人类对自然的探索。此外，父母还要抽出一定的时间陪孩子到大自然中去，让孩子真实地感受大自然的伟大和美丽。

(2) 让孩子直面黑暗

对于怕黑的孩子，父母可以先陪孩子一起进到没开灯的房间，陪孩子到房里看看确实没有什么可怕的，以消除孩子的疑虑。然后等到下一次孩子进黑屋的时候，父母可以送他到房门口，父母站在门口不走，让孩子进房间里去取东西。当孩子进房里后，回头看看家长在门口不走，他便会放心地进去取东西。等孩子取完东西之后，父母要表扬并鼓励他，让他真正明白黑暗没什么，其实是自己的恐惧心理阻止了自己迈向黑暗的脚步。

(3) 采用系统脱敏疗法

有的孩子怕狗怕猫，一看到它们就心惊肉跳，唯恐躲避不及。对于这些孩子，父母可以自己先摸一摸狗或猫，或让其他不怕狗的孩子先摸一摸，让自己的孩子看看。然后，再鼓励孩子自己也去摸一摸狗或猫，使他亲身感受只要自己善待动物，它们就不会伤害自己。孩子明白这一点之后，就会高高兴兴地把狗或猫抱起来，逐渐就不怕猫狗了。这个方法就叫作系统脱敏疗法，是一种治疗孩子恐惧的十分有效的方法。

因为懂得，所以勇敢。只有懂得事物的真相和原理之后，孩子才不会在黑暗面前止步，也不会一听到打雷就吓得大哭。父母要想锻炼孩子的胆量，就要教给孩子正确的知识，让孩子懂得事物的原理。

知识就是力量，知识能够驱除孩子由于无知而产生的恐惧。父母要及时教给孩子基本的自然和社会常识，这样孩子就会在增长知识的同时，使自己的勇气也得到增长。

3. 强化孩子的竞争意识

如果孩子缺乏竞争意识，将是一个很严重的问题。成长中的孩子，在自己人生的每一个阶段，都会面临挑战和竞争，如果不想和别人竞争，总是处于退让的境地，就会越来越走下坡路，最后对自己的能力完全丧失信心。

强化孩子的竞争意识，是让孩子在自己暂时落后的状况下，还有勇气和力量去奋勇直追，战胜自我，也战胜对手，创造更多更好的人生价值。

黄升回家跟妈妈说："这次班上又要选班干部了，老师让我们想竞选的人做一个演讲和拉票准备，可是我一点儿都不想去做这件事。"妈妈便问他是怎么回事，他说他觉得自己的成绩不够好，大家肯定不会选择他的。

妈妈对他说："不一定学习好的同学就是受到大家欢迎的啊。你也有很多优点的，大家不是都爱和你玩吗？你可以去试试参加竞选，大家说不定都会选你呢。"黄升听后，还是觉得没有信心，鼓不起竞选的勇气。

要强化孩子的竞争意识，父母应该对此重视。为了把自己的孩子培养成一个更加自信勇敢的强者，要让孩子敢于去与别人竞争，并在竞争后能够坦然面对自己的失利，继续保持前进。

竞争意识和上进心也是紧密联系的。一个没有上进心的孩子，也就会懒于与人竞争，也不会从竞争中得到乐趣。他们讨厌与别人比赛，对于胜负不愿去主动把握。一个缺失竞争意识的孩子，很难不断超越，取得成绩和成功。

孩子在敢于竞争、勇于竞争中，才能更好地发挥自己的潜力，不断去创造属于自己的精彩人生。

(1) 让孩子制定合适的竞争目标

如果给孩子制定了过高的竞争目标，会打击他实现目标的积极性，而制定的目标过低，孩子在竞争中不能得到满足，也会逐渐丧失上进心和竞争意识。恰当的目标，是让孩子站起来、跳一跳、够得着，这样才会让孩子越学越有劲、越干越快乐，竞争意识才会不断得到强化。

父母要先调整好自己对孩子的期望值，然后帮助孩子调整期望值，让孩子更安心地用合理的竞争目标来要求自己，这样才能让孩子一直保持高昂的竞争意识。

(2) 用心理暗示强化孩子的自信

积极有效的心理暗示，能帮助孩子在竞争中取得成功。父母要让孩子在与人竞争时，善于利用积极的心理暗示，来保持自己的必胜信心。

张楠的数学成绩一直很好。他有一个竞争对手，这次考试张楠因为失误败给了对手，这件事对他打击很大，使他的自信心打了很大的折扣。妈妈知道这一情况后，就让孩子每天早晨起来都对自己说一句话：我喜欢数学，我一定能打败对手。

由于这种心理暗示，张楠又充满了学习信心。他上数学课更加积极主动，每天放学就预习、复习，有不懂的问题就主动去问老师。每次看到对手，就暗暗给自己加油，告诉自己一定能够超过他。果然，下次单元测试，他又跑到了对手前面。

当孩子碰到困难时，积极的心理暗示能帮孩子找回竞争的勇气和信心。让孩子多做正面的心理暗示，才能使孩子一步步走向成功。

(3) 鼓励孩子发扬自己的长处

父母要鼓励孩子，不论是在学习还是在生活中，都要去发挥自己的长处和优势。发挥优势能够让孩子在竞争中获得成功，反过来也能促进自身的进步。这样可以增强孩子的自信心，让孩子敢于在优势上与人竞争。父母还要教孩子在不如人时，避开不足，以免自信心受损。只有让孩子学会了扬长避短，孩子才能够取得更多的成就，这对于激励孩子的上进心，让孩子喜欢和别人竞争，在竞争中求进步，是非常有帮助的，也可以提高孩子成功的概率。

(4) 培养孩子的乐观心态

一个对生活充满希望的人，也会是一个敢于竞争的人。一个乐观的心态，能够让孩子在困境中发现希望，敢于竞争。

王东的生活态度有些消极，遇事也喜欢退缩。一次偶然的机会，他结识了好朋友阿南。阿南是一个充满激情和活力的人，对自己每天的生活都抱有信心，也勇于去尝试各种美好的想法。

王东和阿南在一起后，刚开始只是被动地跟着阿南去玩。半年过后，王东的笑脸多了，爱开玩笑了，也更加自信了。现在的王东对于生活和学习都找回了那种上进心，也觉得有信心把它们做好。

近朱者赤，近墨者黑。多与一些快乐、自信、有竞争意识的人来往，也会改变孩子消极萎靡的心态。要想成为一个有上进心、有竞争力的孩子，就要多和一些对生活积极热情的乐观人士交往。

(5) 教孩子正确面对失败

培养孩子的竞争意识，首先就要让孩子不惧怕失败。失败是走向成功的阶梯，能够激励孩子更加努力进取。父母应教孩子用乐观积极的心态，去面对每一次竞争的失败，让孩子知道，有竞争就会有失败，而面对失败的态度决定了与成功的距离。要学会坦然、乐观地看待失败，积极主动地寻求解决之道。

孩子学会了正确面对竞争的失败，才会不惧怕竞争，勇于去竞争，在竞争中走向成功。

4. 让孩子学会管理自己的情绪

美国著名心理学家、人际关系学大师戴尔·卡耐基说，在生命中的每一天，每个人首先面临的就是情绪管理。因此，他毫不犹豫地将情绪管理称为整个人生的第一管理。

事实证明，在事业上有所成就的人，大多懂得如何控制情绪，比如美国历史上伟大的总统亚伯拉罕·林肯、古希腊伟大的数学家阿基米德、中国古代的智囊诸葛亮。

控制自己的情绪和行为的能力是衡量一个人心理健康的重要标准。善于控制和调节自己的情绪，不仅有助于建立良好的人际关系、培养健全的人格，而且也是社会性成熟的一个重要标志。

有一天，拿破仑·希尔和办公大楼的管理员发生了一场误会。这场误会导致了他们两人互相憎恨，甚至演变成激烈的敌对状态。

这位管理员为了显示他对拿破仑·希尔的不悦，当他知道整栋大楼里只有拿破仑·希尔一个人在办公室中工作时，他马上把大楼的电灯全部关掉。这种情况一连发生了几次，终于，忍无可忍的拿破仑·希尔打算进行反击。

一个星期天，机会终于来了。拿破仑·希尔到书房里准备一篇预备在第二天晚上发表的演讲稿，当他刚在书桌前坐好时，电灯熄灭了。

他马上跳起来，奔向大楼地下室，他知道在那儿能够找到这位管理员。当他到达那儿时，他发现管理员正忙着把煤炭一铲一铲地送进锅炉内。同时一面吹着口哨，什么也没发生似的。

拿破仑·希尔马上对他破口大骂。在长达5分钟的时间里，他都以常人难以忍受的词句对管理员进行污辱谩骂。

最后，拿破仑·希尔实在想不出什么骂人的词句了，只好放慢了速度。这时候，管理员站直身体，转过头来，脸上露出开朗的笑容，并用一种充满镇静的柔和声调说道：

"你今天晚上有点儿激动，不是吗？"

这句话就如一把锐利的短剑，一下刺进拿破仑·希尔的身体。

站在拿破仑·希尔面前的管理员既不会写也不会读，是一位地地道道的文盲，然而就是这个文盲却在这场战斗中打败了拿破仑·希尔，更何况这场战斗的场合以及武器都是拿破仑·希尔自己所挑选的。

拿破仑·希尔明白，他不仅被打败了，更可怕的是，他是主动的，而且是不对的一方，这一切只会加大他的羞辱感。

后来拿破仑·希尔转过身子，以最快的速度回到办公室。他再也没有心思做其他事情了。当拿破仑·希尔把这件事反省了一遍之后，他马上看出了自己的不对。

在意识到自己的错误后，拿破仑·希尔知道要使内心平静下来，办法只有一个，那就是向管理员道歉。最后，他费了很长的时间才下定决心，决定到地下室去，忍受必须忍受的羞辱。

拿破仑·希尔来到地下室后，把那位管理员叫到门边。

这时，管理员用平静、温和的声调问道："你这一次想要干什么？"

拿破仑·希尔告诉他："我是回来向你道歉的——倘若你愿意接受的话。"

管理员脸上又露出那种微笑，说："凭着上帝的爱心，你不用向我道歉。除了这四堵墙壁，以及你和我之外，再没有其他人听见你刚才所说的话。我不会把它说出去的，我知道你也不会说出去的，所以，我们干脆就把此事忘了吧。"

这段话对拿破仑·希尔所造成的触动更甚于他第一次所说的话，因为他不但表示愿意原谅拿破仑·希尔，其实更愿意协助拿破仑·希尔隐瞒此事，不使它宣扬出去，以免对拿破仑·希尔造成伤害。

拿破仑·希尔向他走过去，抓住他的手使劲握了握。他明白，自己不仅是用手和他握手，更是用心和他握手。

在走回办公室途中，拿破仑·希尔感到心情非常愉快，因为他终于鼓起勇气，改正了自己做错的事。

在这件事发生之后，拿破仑·希尔下定了决心，以后绝不再失去自制。因为倘若失去自制，别人能够毫不费力地将你打败。

在下定这个决心之后，拿破仑·希尔的人生发生了巨大的变化。后来这件事成为拿破仑·希尔一生中最关键的一个转折点。他经常对人说这件事使他懂得：一个人只有先控制了自己，才能改变自己的命运。而这正是拿破仑·希尔最终取得成功的原因之一。

孩子的情绪问题对孩子的成长至关重要。积极的情绪对孩子的身心发展能起到促进作用，有助于孩子的潜能发挥；消极的情绪则可能使孩子的心理失去平衡甚至影响他的人格建构，影响他未来的生活和事业。

因此，为了让孩子能够健康快乐地成长，父母应当让孩子学会管理自我的情绪，不受不良情绪的影响，从而为他将来的成功打下坚实的基础。

5. 教孩子学会控制愤怒

学会控制自己的情绪，当苍蝇落在你的主球上的时候，不要理它，专心致志地击你的球。当你的主球飞速奔向既定目标的时候，那只苍蝇就会不用你赶自己飞走。相反，如果你跟自己的情绪斤斤计较，并不断地任由坏情绪控制自己的行动，那么，你的一时冲动可能会造成终生的悔恨。

1965年9月7日，世界台球冠军争夺赛在纽约举行。路易斯·福克斯的得分遥遥领先，只要再得几分就能稳拿冠军。就在这时他发现一只苍蝇落在主球上，他挥挥手赶走了。可是他俯身击球时苍蝇又飞回来了，他起身驱赶，但苍蝇好像在跟他作对，他一回身，苍蝇又落在主球上，周围的观众发现了这个现象，开始哈哈大笑。

他的情绪恶劣到了极点，终于失去了理智，愤怒地用球杆去击打苍蝇，结果碰到了主球，裁判判他击到了球，于是他失去了一轮机会。他因此方寸大乱，连连失利，而对手约翰·迪瑞越战越勇，最后获得了冠军。

第二天，人们发现了路易斯的尸体，他投河自杀了。

因为不能控制自己的情绪，和一只小小的苍蝇斗气，路易斯·福克斯丢了冠军甚至自己的生命，这真可谓因小失大、得不偿失。

人都有七情六欲，情绪的控制对成人来说尚且不易，对孩子来说就更难了。在孩子成长的道路上，最大的敌人其实并不是别人，而是自己，他们缺乏对自己情绪的控制。愤怒时，不能遏制怒火，使周围的合作者望而却步；消沉时，放纵自己的萎靡，把许多稍纵即逝的机会白白浪费掉。美国著名心理学教授丹尼尔·戈尔曼认为，一个人在社会上要获得成功，起主要作用的不是智力因素而是情绪智能，前者占20%，而后者占80%。一个人的成败深受情绪影响。只有让孩子具备积极的动力情绪，他们才能愉快学习、乐于奉献，从而愿意并且能够为自己所处的团队贡献才智，取得成绩，同时在这个平台上自我成长。

宏明是一名大三的学生，幼时经历的事情他已经忘记了，但9岁那年发生的一件事情他却一直记忆犹新。那一年的一个周末，他和朋友约好去郊外远足，但父母却说什么也不同意他去。宏明感到十分愤怒，他跑回自己的房间，捏紧拳头在墙壁上猛击。他一面哭一面打，双拳血肉模糊都没感觉到疼，任何人的劝说，他都听不进去。最后，他父亲气得揍了他一顿。后来，母亲一声不吭地进来给他涂止疼药，并包扎好，但是，母亲始终也没有说一句话安慰他。于是，又恨又怒的宏明又倒在床上大哭了半个多小时。直到他心态平和后，母亲才进来对他说："能控制自己情绪的人就能掌握自己的命运。发怒本身就是一种自我伤害，而且对事情的解决是没有用处的，需要好好克服。"

就这样，母亲所说的话深深地印在了宏明的心中。虽然现在他已经成年了，懂得了许多道理，但只要一回想起那时的情景，他就觉得母亲那次和自己的谈话是这一辈子最值得珍惜的谈话。

生活中，每个人都免不了动怒。从心理学角度看，发怒是一种情绪。愤怒的导火线可能来自外部因素，如与同学、老师、父母等的摩擦，或交通阻塞、上学迟到等，也可能来自内部因素，如心中的烦恼，以及对创伤性事件的记忆等。

发怒是人类所拥有的一种正常的情绪体验。可是如果不能很好地控制愤怒的情绪，就会引发各种问题。因为愤怒有着很强的破坏力，人在愤怒的时候，意志力会变得薄弱，判断力、理解力都会降低，从而容易丧失理智和自制力。有时候它会让孩子无法控制自己的行为，做出伤害他人或自己的出格举动，甚至会导致犯罪。

因此，作为父母，应当教孩子学会控制自己的愤怒情绪，那么，父母应当怎样做呢？

(1) 父母要以身作则

父母是孩子的启蒙老师，孩子的言行举止多半是从父母身上潜移默化而来的，要使自己的孩子不动辄发怒，父母首先要控制好自己的脾气，不要让孩子看到自己暴怒的样子。要和善待人，为孩子营造祥和、宽松的气氛，在这种安定、温暖的气氛中，使孩子易怒的心境渐渐变得平和。

(2) 告诉孩子发怒的危害

父母要让孩子认识到，发怒对自己没有任何好处，不但会危害自己的身心健康，而且还不能使问题得到解决。而平息自己的攻击性情绪，不仅是一种自爱，还能够提高自己的说服力。这样，孩子无论在同伴还是在陌生人面前，都知道采取平和的态度来解决问题，而不是轻易发火。

(3) 父母要经常与孩子沟通

父母要多关心爱护孩子，平时多过问孩子在生活、学习或交友中遇到的问题，及时给予孩子一定的帮助、鼓励或安慰，使孩子体会到父母的关爱，这种爱有利于孩子以爱心待人，这样，当他发怒时，会因爱心而尽量控制住脾气。

(4) 让孩子进行放松训练

简单的放松训练，如深呼吸、想象放松等都有助于舒缓愤怒的情绪。

如果孩子和某人关系紧张是由于脾气暴躁所导致的，那么练习放松就是一个非常好的解决方法。

(5) 让孩子用倾听控制愤怒

愤怒会使人仓促做出论断，这些论断往往都是不客观的。父母应该告诉孩子，在和别人争得面红耳赤时，不妨冷静一下，想想自己的反应。

不要不加思考就说出跳入脑海中的第一句话，应该认真地倾听对方的话，冷静思考一下，自己想说的每一句话是否正确。

当遭遇他人批评的时候，可以采取预防措施，慢慢地深呼吸，控制自己的愤怒情绪。保持镇定、认真倾听，同时降低说话的声调，并让声音越来越小、语速越来越慢，这样一来，对方会在不知不觉中跟着你降低声调，一场战火就会因此而归于平静，从而避免事态变得更加严重。

(6) 释放愤怒，转移注意力

孩子的情绪往往瞬息万变，将注意力适时地转移到其他事情上，可以有效地进行自我调节。

当孩子生气时，应建议他去做一些他喜欢做的事情来释放情绪，转移注意力。例如，出去散散步；在喧闹的音乐声中随便跳跳舞；唱唱歌；洗个澡，把愤怒"洗掉"；到户外或者自己的房间大叫，等等。

愤怒让人感到压抑、困惑和疲惫，但既然是无法避免的，就不妨通过积极的约束和消解的方法，教会孩子有效地处理自己的愤怒情绪。

6. 让孩子学会抗拒诱惑

一个人要成就大的事业，不能随心所欲、感情用事，对自己的言行应有所克制，这样才能使缺点得到抑制，不至于铸成大错。高尔基说："哪怕是对自己的一点小的克制，也会使人变得强而有力。"德国诗人歌德说："谁若游戏人生，他就一事无成。"要主宰自己，所以自己做事要有所约束、有所克制。

从前，有一个小男孩非常贪吃。有一次，他在桌子上发现了一罐坚果。此刻他手里已经有很多零食了，但他还是很想尝尝那些坚果的味道。"我要吃一些坚果，"他自言自语，"如果妈妈在，相信她一定会给我一些吃的，那我就拿一大把吧。"于是他放下手中的零食，把手伸进罐中，抓了一大把。

但是当他向外拿时，却发现罐口太小了。他的手被夹得很紧，可是他却一个坚果也不想丢掉。

他试了又试，手还是无法拿出来，急得脸都红了，最后他急得哭了起来。

这时，妈妈听到声音，就走进房中，问道："发生了什么事？"

"我无法把手里的坚果拿出来。"男孩呜咽着说。

"好了，不要太贪心了，"妈妈说，"如果只拿一两个，你就不会遇到麻烦了。"

"那太容易了，"男孩说着拿了坚果离开桌子，"本来我自己应该能想到这一点的。"

是的，人应该要抵得住贪欲的诱惑，否则可能到头来什么也得不到。

在生活中，可以说处处充满了诱惑，这个世界上有很多我们想要却无力得到的东西。诱惑，就像表面铺满草、插满花的陷阱，美好的里面深藏着可怕的危险。

面对这些诱惑，大人尚且会动摇，又何况是仍未成年的孩子。

现在，社会上诱惑孩子的因素很多，一些网站、报纸、杂志、电影、图书等都有不健康的内容。这些不健康的内容很具有诱惑性，会腐蚀青少年的心灵。如果孩子缺乏自制力，经不起诱惑，那么他就会沉迷于花花世界中，丧失自我。

美国斯坦福大学心理学教授米切尔曾经对斯坦福大学附属幼儿园的孩子们进行跟踪调查，从4岁起，一直跟踪到他们高中毕业。

其中设计了一个著名的关于"延迟满足"的实验。研究人员找来数十名儿童，让他们每个人单独待在一个小房间里，桌子上放着孩子爱吃的棉花糖。研究人员告诉他们可以马上吃掉棉花糖，但如果等研究人员回来再吃还可以再得到一颗棉花糖作为奖励。

对于这些孩子来说，实验的过程颇为难熬。面对诱惑，性子急的孩子没等到老师走出教室，就已经把棉花糖送进了嘴里，有的孩子为了不去看那些诱人的棉花糖而捂住眼睛或是转过身，还有一些孩子甚至用手去打棉花糖。最后，大约1/3的孩子成功延迟了自己对棉花糖的欲望，等到研究人员回来兑现了奖励。

当这些孩子进入青春期后，米切尔又对这些孩子进行了调查。发现那些抵御住诱惑的孩子，在情感、社交方面，明显比那些性急的孩子具有较强的自信心、竞争力和较高的做事效率。而且面对挫折和压力，他们不会慌乱无措，不会轻易崩溃，容易赢得老师和同学们的信任。而那些没有抵御住诱惑的孩子，他们的抗挫折能力、自控能力较差，在压力面前不知所措，做事不果断，效率很低，自信心和责任心都不强。

这个实验的最终结果表明，孩子的自控能力，在一定程度上决定了他的未来。

青少年时期是人生成长的关键期，一方面充满了旺盛的求知欲、好奇心；另一方面又缺乏足够的鉴别能力、自我控制能力。在这个阶段，他们易受不良信息的诱惑而成为受害者。因此，家长一定要适时引导，提高孩子抵御诱惑的能力。

那么，家长应怎样加强对孩子控制能力的培养呢？

(1) 让孩子形成良好的行为习惯

父母对孩子进行自我控制的培养，可以从生活习惯方面开始。比如，要求孩子准时起床、准时就寝、按时饮食、不偏食、不挑食等。随着孩子年龄的增长，孩子的自控能力方面就会得到加强。在孩子的学校生活中，可以要求孩子在集体中要遵守集体纪律，不可随心所欲地侵犯别人的利益，等等。如果父母可以长期坚持一贯的要求，不做无原则的迁就，孩子就会逐步学会控制、约束自己。

(2) 让孩子学会一次只做一件事

孩子在学习过程中经常会遇到一些困难和干扰，或是碰到不感兴趣的内容。这个时候，只靠注意力是不够的，还必须要有意识地培养孩子的自我控制能力，使注意力服从于活动的目的和任务。父母可以通过让孩子在一段时间内专心做一件事，如绘画、练琴、练书法等，来培养孩子的自制力。

人的精力是有限的，如果将有限的精力分散到许多事务上，可能每一件事情都办不好，因此，不要人为地分散精力。如果集中精力，只干其中的一件事情，可能这一件事发生的作用比干几件事还要大。分散和专注是两个截然对立的行为，切忌三心二意、心猿意马。

(3) 让孩子逐步学会评价自己的行为

父母在培养孩子良好行为习惯时要坚持说理，要让孩子明白"要这样做，不要那样做"的道理，让孩子用这些道理来评价判别自己的行为是对还是错，这样他就会以此来约束自己不做不该做的事情。比如，已经很晚了，孩子还是坚持不肯去睡觉，这个时候，如果父母疾言厉色地让孩子去睡觉，可能就会引起孩子的对立情绪。如果父母耐心地对孩子说："如果你今天不早睡，那么你明天就会起不来，上学也就会迟到，还会影响到爸爸妈妈。"父母要是坚持这样做，不迁就孩子，耐心地给孩子讲道理，久而久之，孩子就能慢慢地学会评价自己和别人行为的适宜度，增强控制能力。

(4) 父母要做孩子的榜样

孩子都是善于模仿的，也是最容易受到感染的。所以，父母可以充分利用一些良好的榜样去影响孩子,引导孩子学习别人的良好行为。

(5) 让孩子做一些自控的游戏

游戏是孩子主要的学习活动之一。因此,父母可以根据孩子的特点,为孩子选择适合的游戏,并在游戏中结合自制力、坚持性、自觉性和延迟满足这四项自控能力培养的要素,培养孩子的自我控制能力。父母可以让孩子做下面这几类游戏来培养孩子的控制能力。

①操作性游戏。在操作性游戏中,对材料的操作和摆弄是激发孩子游戏兴趣的源泉。由于孩子会专注于手部动作和材料本身,所以在规则简单的情况下,孩子的自控坚持性表现得比较突出,但对外界干扰的自觉抵制力和自制力较差,动作的失误、他人的影响都会影响游戏的进行。

②娱乐性游戏。一般,孩子对动作的控制要优于对情绪和情感的控制。娱乐性游戏正是通过激发孩子的情绪的过程,使孩子通过动作的控制,调整自己的情感。音乐、道具、角色是这类游戏中不可或缺的要素。可以说,情境越逼真和夸张,培养孩子自控的效果越好。

③运动性游戏。一群孩子在进行运动游戏时,伴随着自控行为的发生,他们的集体观念也逐渐增强。在竞赛中,同组内的孩子往往会在等待中相互提醒鼓励、探究取胜的技术和策略,合作和交往能力从而得到长足的提高。

④智力游戏。这类游戏的进行一般4岁以后才能开展,因为这时的孩子已经积累了一定的生活经验。在游戏中,孩子经常会出现的问题是一些"犯规"行为的评判和因此引起的争执等,这时,成人要适时适度地干预,帮助孩子提高自行解决问题的能力。

(6) 培养孩子的规则意识

规则,就是规定出来供大家遵守的制度或章程。规则意识即遵守这些制度或章程的良好态度和习惯。规则意识较强的人，自我约束的能力也较强，较容易适应群体生活。大多数孩子在入学前主要待在家里或幼儿园，过的是一种相对自由、关爱较多、拘束较少的生活。进入小学后，孩子好像一下子掉进了规则的海洋，如课间只有10分钟休息；上课时有课堂纪律，回答问题要举手；下课时不能在楼道里大声喧哗等。总之，年龄越大，孩子们会感到受的拘束越多。那么，作为家长，应该怎样培养孩子的规则意识，使他自愿接受生活中的各种必要的约束呢？

①讲清规则的用处。要让孩子了解规则无处不在，一定的规则能保证人们更好地生活。例如，人们要遵守交通规则、游戏规则、竞赛规则。家长可以时常反问孩子，如果不遵守规则会怎样？让孩子设想违规的后果，引起他对执行规则的正视。

②要求孩子养成遵守规则的习惯。国有国法，家有家规。在家里，物品用后要归回原处，离家出门要和家人打招呼，按一定的时间作息（定时进餐、睡眠、起床）等。

③培养孩子执行规则的技能。有时孩子具备了一定的规则意识，但仍会时常违规。如偶尔上学迟到，并非孩子故意拖拉，而是穿衣、洗漱等动作太慢，不得要领。那么，家长就要教孩子做事的方法，培养孩子的自理能力，提高孩子的生活技能，这样，遵守起规则来就容易多了。

④培养孩子的自律精神。他人制定的规则是强加的，属外力约束，而自己制定的规则有内省成分，易于自律。家长不妨和孩子一起商量制定家庭规则，以便共同遵守。例如，下棋、玩游戏要按规则决定胜负；说错话或做错事时要礼貌道歉；看电视时不要干扰别人。即使家长违规，也要自觉受罚，让孩子懂得规则的严肃性。

第四章

良 好 教 养

——你一定要学会说"谢谢"

教养和贫富无关，它使人的灵魂得到净化，使受损的心灵能够痊愈。有教养的孩子，不仅能芬芳自己的人生之路，也能芬芳别人失落而寂寞的心灵。

1. 教养是孩子成功的基石

当我们与一个人接触之后，常常会说："这个人谈吐不俗，很有教养""这个人温文尔雅，举止大方""这个人满嘴脏话，素质太差""这个人一点儿都不讲文明，不像一个现代人""这个人真邋遢，衣服皱皱巴巴的"……这些都是一个人是否有教养的表现。

什么是教养？教养主要指文化和品德的修养，有教养的人都具有良好的道德品质和行为习惯。做一个有教养的现代人，是文明社会对人的基本要求。

200年前，美国康涅狄格州有一个叫嘉纳塞·爱德华的人，很有学问而且注重自身修养，对子女教育也非常重视。至今他的家族已传8代，其中出了1位副总统、1位大使、13位大学校长、103位大学教授、60位医生、80位文学家、20位议员。在长达两个世纪中，没有一个后代被关、被捕、被判刑。

相反，200年前纽约州有个名叫马克斯·莱克的人，是一个不务正业的酒鬼、赌徒，对子女不管不教。他的家庭至今也繁衍了8代，在这8代子孙中，有7人因杀人被判刑、有65个盗窃犯、234个乞丐、因狂饮死亡或残废者达400多人。

这两个家族的反差为何如此巨大，且影响到子孙后代？一切都是因为教养。这说明了父母教育的重要性。品德高尚、博学多才者，其后代也多个个出色；而品德败坏、无所事事者，其后代也多会有其祖先的影子。

英国伟大的哲学家和启蒙思想家约翰·洛克在《教育漫话》中写道，教养润饰了人的所有其他美德而使之光彩夺目，使这些美德变得有用，为美德的拥有者赢得了周围人的尊重。没有教养，其余一切成就就会被人看成骄傲、自负或愚蠢。

一个男孩，以全省第一名的成绩考上了北京某高校，而且在大学毕业时顺利地通过了托福考试和GMAT（管理学研究生入学考试）。只等留学办理签证了。

可是，签证那天，却发生了一件让人遗憾的事情。

遗憾源自那个男孩的一个小小的举动——当他听到签证官念到自己名字的时候，激动得站起来，同时，不自觉地把手里的笔往地上一扔。

就是这个小小的举动打破了他的出国梦。当他走进签证办公室的时候，签证官说："我只能对您说遗憾了。虽然您的成绩和能力都非常优秀，但是，综合素质方面却有些欠缺。我们认为一个能力强大的人，如果他的综合素质不过关，也是没用的。综合素质能体现出一个人的品质。我们非常注重这项考核。"

可见，教养并不一定取决于文化高低、身份贵贱，而教养又的确说明人的素质优劣，是超越人性本能的一种控制力、约束力。约束好自己是有教养的体现，它是一种美德，能锻炼一个人的恒心。有教养的人之所以能得到人们的尊敬，就在于他们总会建立积极和谐的社会关系，表现良好的公共形象。

真正的教养源自一颗热爱自己和热爱他人的心灵，不是做给别人看的，而是发自内心的。

教养在孩子成长中起到很重要的作用。有良好教养的孩子在人际交往中更受欢迎，他们能够建立良好的人际关系，易于为自己营造良好的成才环境，更容易在职业生涯和私人生活中取得成就；相反，如果缺乏教养、不懂文明礼仪，人们对他采取不欢迎的态度，他又怎能发展事业、立足社会？

教养不是天生的，一个孩子如果没有人教给他良好的习惯和有关的知识，他必定是愚昧和粗浅的。良好的教养是孩子一生享用不尽的财富。

我们每一位家长都希望自己的孩子能健康成长，拥有美好的明天，那么我们就应该注重培养孩子的良好教养。当孩子长大走向社会、走向世界，那些在一举手一投足间体现一个人的教养的东西，是需要在孩子早期教育的时候就打下根基的。进一步来说，整个社会的发展、文化的传承，其实都和每个人从小的教养有关。

2. 没有礼貌的人是举步维艰的

"礼"作为一种具体的行为来讲，就是指人们在待人接物时的文明举止，也就是现在所说的礼貌。

礼貌是社会交往中的行为规范，也是个人修养的体现。如果缺少了礼貌，一个人会被别人视为缺少教养而遭排斥，甚至惹出不愉快的事情来。有"礼"走遍天下，无"礼"寸步难行。从这个意义上讲，没有礼貌的人是举步维艰的。

有一个姑娘去外地办事，在途中迷了路，正不知如何是好的时候，看见前面走来一位老大爷。姑娘由于心情焦急，脱口喊道："喂，往王村还有多远？"老大爷一看这个打扮漂亮的姑娘说话一点礼貌都没有，也就没好气地回答说："还有五拐杖！"姑娘心想，人家都急死了，你还有心思开别人的玩笑，就说："哎呀，路是论里的，怎么论拐杖呢？""'论里'？论理你该叫我声'大爷'！"姑娘这时才意识到自己由于心急而忘了礼貌，赶紧给老大爷赔不是，并正确称呼了老大爷。这位老大爷也就很详细地给姑娘指了去王村的路，姑娘连声道谢。终于到达了目的地。

生活中有很多这样的例子：仅仅因为一个礼貌的疏忽，便使自己在别人心中的形象大打折扣。相反，一个有礼貌的人容易被别人认可、接受，既可以给别人带来温暖，也会使自己愉快。

礼貌是道德准则，是人与人相处的规矩。心理学家认为，礼貌归根结底是习惯的问题。一个不懂礼貌的孩子很可能会成长为一个不懂礼貌的大人，而不懂礼貌会使他在社会竞争中处于劣势，在工作中很难获得同事的尊重和友好协作，在生活中也不易获得友谊和自信。所以说，要使孩子成长为有所作为的人，父母就应该教孩子从小懂礼貌、讲文明。

但遗憾的是，礼貌常常被不少家长视为小节而忽视。在现实生活中，有些家长认为，现代社会是个自由的社会，懂不懂文明礼仪没关系，只要学习好、有真本事就行了；也有些家长认为，小孩子天真无邪，长大了就会懂得文明礼仪的。其实，这些都是误解。

文明礼仪是孩子做人的"身份证"，是孩子随身携带的"教养名片"。一个有教养的孩子必然有良好的文明礼仪，这样的孩子比较受人欢迎，也就是心理学上所说的"被众人接纳的程度高"。礼貌要从小培养，否则就会形成坏习惯；一旦形成坏习惯，再改就很难了。只要家长从思想上认识到这个问题的重要性，并在生活中给孩子以正确的引导，就一定能够培养出讲文明、懂礼貌的孩子。

高妙是一个小学五年级的学生，性格比较内向，不爱说话。有一天放学，高妙的妈妈去学校接她，在校门口，母女二人与某位老师迎面相遇。老师略微一怔，走了过去。高妙告诉妈妈，刚才走过的是自己的数学老师。妈妈问道："为什么不和老师打招呼呢？"高妙回答说，数学老师是另一个班的班主任，只给他们代课，说不定不认识自己呢。妈妈听后，耐心地开导孩子："见了老师应该有礼貌，要主动打招呼。老师即使还认不准你，你也记住要尊重老师啊！"从这以后，每次遇到老师的时候，高妙都会主动打招呼，老师也夸她是个懂礼貌的好学生。

可见，培养孩子礼貌的行为，做父母的责无旁贷。只要从日常生活的点点滴滴入手，耐心地加以指导，自然会形成礼貌的行为习惯。

礼貌既是一种礼仪规范，也是社交技巧，更是人与人之间沟通的基础。培养孩子讲文明懂礼貌就是要使他们学会亲切、和气、文雅、谦逊地说话和做事；正确有礼貌地称呼人；热情地招呼客人；正确地运用礼貌语言；能有礼貌地处理生活中的一些事……相对来说，懂礼貌的孩子更容易被大家接受，成为一个有教养、受欢迎的人。所以，家长要从小培养孩子懂得礼貌的好习惯。

培养孩子讲文明礼貌的习惯，要从一点一滴做起。可以从以下几个方面入手：

(1) 以身作则，树立文明的榜样

父母是孩子最好的老师，父母对孩子的影响往往最直接、最深刻。父母的教养、品行，是对孩子最生动、最实际的教育。家长若要求孩子礼貌待人，首先自己要做表率。利用一切可以利用的时机，给孩子做示范，让孩子理解文明、礼貌、热情的含义，潜移默化地影响孩子，让孩子在耳濡目染中逐步形成礼貌待人的习惯。

(2) 使用敬语，掌握必要的礼貌常识

父母要言语恳切地教导孩子，在同长辈说话时，一定要使用敬语"您"。这样做的目的是为了让孩子意识到和长辈说话应该讲礼貌、有礼节。礼貌常识包括语言和行为这两方面的内容，文明礼貌要求不说粗俗的话，日常用语包括"你好""对不起""没关系""谢谢"

"请"等；文明行为要求在社交中，与别人打招呼、握手，与人交谈时眼神、体态以及表情要体现出对对方的尊重。

(3) 待客有礼，为孩子讲解待客的规矩

作为父母，不仅要给孩子讲解待客的规矩，还可以让孩子参与一些力所能及的待客活动，通过直接参与，不仅可以满足孩子想要参与待客的心理，还可以养成良好的行为习惯。如亲友来访时，听到敲门声要说"请进"；见了亲友按称谓主动亲切问好；拿出水果、点心等热情地请客人吃；当大人谈话时，小孩不应随便插话或者发出影响大人谈话的声响；小客人来，应主动拿出玩具与小客人分享；客人入席前不得动餐具自己先吃；客人离开时要说"再见"，并欢迎客人再来。

(4) 帮孩子掌握必要的礼貌常识

例如，见面或分手时打招呼、握手，与人交谈时眼神、体态和表情要体现出对对方的尊重。与别人说话的时候要用眼睛看着对方，这也是一种礼仪，如果与别人说话，眼睛却看着旁边，则是一种不礼貌的行为。

3. 让孩子学会道歉

　　过也，人皆见之；更也，人皆仰之。在生活中，倘若自己的言行有失礼不当之处，或是打扰、麻烦、妨碍了别人，最聪明的办法就是及时向对方道歉。真心道歉才能弥补被损伤了的关系，也才能增进彼此的感情。

　　但在现实生活中，却有一些人不愿放下面子主动去道歉，有可能是受了传统观念的影响，也可能是对道歉的理解存在误区，而最主要的原因可能是不少人从小就没有建立起向别人道歉的习惯。

　　在一所中学的食堂里，学生们正井然有序地排着队。这时候，有一个初三年级的男生被前面的同学一推，不小心后退踩了身后一位男生的脚。因为觉得自己也是受害者，所以，这个男生没有道歉。这把他身后的男生惹火了，他大声骂了起来："有没有素质呀，踩了人都不会道歉?!"

　　结果这个男生也急了，用胳膊肘狠狠地捅了一下身后的那个同学，于是，两个人扭打成一团，直到老师赶到，才制止了这场可能会进一步激化的打斗。

　　本来是一件小事，却因为不懂道歉而发展成斗殴事件，这是人们所不愿看到的。所以，当做错事情的时候，一定要学会道歉。如果我们每个人都能做到犯错后及时承认并道歉，不必要的矛盾、纠纷就会大大减少，整个社会的人际关系也会和谐很多。

世上最难做的一件事，便是承认自己错了。要解决这种情况，除了坦白承认错误，没有更好的办法。倘若你发现自己错了，不及时向别人道歉，甚至千方百计地找借口为自己辩解，会让事情变得更糟。这时，你不仅得不到别人的谅解，相反，还会受到道德上的谴责和人格、形象上的损害，甚至激化和别人之间的矛盾，让你成为众矢之的。因此，任何人都不能小看了道歉的作用。

主动道歉是打开通向原谅和恢复关系大门的最有效的钥匙。学会道歉是一个重要的社会技能，真诚的道歉将会使人们感受到人与人之间最美好的情感。所以，我们要学会真诚地向别人道歉。

在家庭教育中，让孩子学会道歉是一门必不可少的功课。当孩子有错误的行为产生时，父母需要在第一时间教导孩子正确的行为并勇于认错，让孩子在小的时候就养成好的行为习惯，并使习惯成自然。

乔治·华盛顿是美国人心目中的英雄。他领导了美国的独立战争，是美利坚合众国的创立者之一，1789年当选为美国第一任总统。他为人正直、品德高尚，深受美国人民爱戴。为了纪念他的功绩，美国的首都就以他的名字命名。

华盛顿出生在一个大庄园主家庭，家中有许多果园。果园里长满了果树，但其中夹着一些杂树。这些杂树不结果实，影响着其他果树的生长。一天，父亲递给华盛顿一把斧头，要他把影响果树生长的杂树砍掉，并再三叮嘱，一定要注意安全，不要砍着自己的脚，也不要砍伤正在结果的果树。在果园里，华盛顿挥动斧子，不停地砍着。突然，他一不留神，砍倒了一棵樱桃树。他害怕父亲知道了会责怪他，便把砍断的树堆在一块儿，将樱桃树盖起来。

傍晚，父亲来到果园，看到了地上的樱桃，就猜到是华盛顿不小心把果树砍断了，尽管如此，他却装作不知道的样子，看着华盛顿堆起来的树说："你真能干，一个下午不但砍了这么多树，还把砍断的杂树都堆在了一块儿。"听了父亲的夸奖，华盛顿的脸一下子红了。他惭愧地对父亲说："爸爸，对不起，只怪我粗心，不小心砍倒了一棵樱桃树。我把树堆起来是为了不让您发现我砍断了樱桃树。我欺骗了您，请您责备我吧！"

父亲听了之后，高兴地说："好孩子，虽然你砍断了樱桃树，应该受到批评，但是你勇敢地承认了自己的错误，没有说谎或找借口，我就原谅你了。你知道吗？我宁可损失掉一千棵樱桃树，也不愿意你说谎逃避责任。"华盛顿不解地问："承认错误真的那么珍贵，能和一棵樱桃树相比？"

父亲耐心地说："敢于承认错误是一个人最起码的品德。只有敢于承担责任的人才能在社会上立足，才能取得别人的信任。看到你今天的表现，我就放心了。以后把庄园交给你，你肯定会经营好的。"

本着父亲的教导，华盛顿一生都把勇于承担责任作为人生的基本信条。后来，这个故事传遍了整个美国，也影响了一代又一代的美国人。

人非圣贤，孰能无过？成人都难免会做错事情，何况孩子呢？对于孩子来说，在做错事之后，最重要的是如何把道歉的心意向对方表白，以示自己认错的诚恳。

学会道歉是一种礼貌，也是一个重要的社会技能。所以，当孩子做错事情的时候，一定要让孩子学会道歉，去承担后果，付出代价，这不仅仅是为了得到别人的原谅，也是为了从小建立责任感，增强孩子的自律精神，谨慎言行对孩子将来顺利融入社会生活有非常重要的作用。

(1) 犯了错误要立即道歉

做家长的要让孩子知道：道歉并不是"对不起"三个字那么简单，而是要将心比心地意识到自己的错误。

亮亮是个名副其实的"小霸王"。在外面玩时，不是推倒弄哭邻家妹妹，就是一脚踢哭比他大的小哥哥，妈妈总是不停地应付亮亮闯的祸，可亮亮自己连个"对不起"都不说。

一次，爸爸带亮亮到叔叔家做客，亮亮和妹妹一起玩"过家家"，玩着玩着，两人就为谁扮演警察而吵起来，亮亮一把将妹妹推倒，妹妹哭着向亮亮的爸爸告状："他欺负我!"爸爸拉过亮亮要他向妹妹道歉，亮亮不说话。眼看爸爸伸出手就要打自己了，亮亮不服气地拉着长声说："我错了，哼!"看着亮亮一副不知错的模样，爸爸真是又急又气。

有些孩子因为年龄小，缺乏是非观念，自我控制的能力不强，经常不能正确认识到自己所犯的错误，加上责任意识不足，通常在做错事后不懂得如何道歉。有时候来自父母的责骂会逼迫孩子说"对不起"，但实际上孩子并没有完全认识到自己的错误。所以，父母切不可对孩子动辄责备，应耐心地告诉孩子为什么错了，错在哪里，需要如何做才正确。孩子只有明白了这些道理之后，才会主动认错道歉。

(2) 孩子要敢于承担责任

有效的道歉不是一种为自己狡辩的伎俩，更不是要去骗取别人的宽恕。你必须要有责任感，勇于自责，勇于承认过失，才能够真心地道歉。有些孩子明知自己有错却百般抵赖，这是一种不负责任的表现。因此，家长应该教育孩子，只有懦夫才会逃避责任。一个真正勇敢的人，在自己犯了错误以后，会说明犯错的原因，而不是找借口逃避责任或者把责任推给别人。

(3) 父母要为孩子做榜样

一个人做错了事，伤害了别人，必须向人家道歉。父母在孩子面前承认错误，或寻找适当机会与孩子谈论自己的过失，让孩子学会如何做人。

向东的爸爸下班后看到自己心爱的茶具摔在地上碎了，不分青红皂白地就把向东给训了一顿，向东委屈得呜呜大哭。东西确实不是他摔碎的，爸爸的理由是：我们家就三个人，应该是你摔碎的，我早上离开家的时候还是好好的。过了一会儿，向东妈妈下班回来说，是她早上急着上班，不小心把茶具碰到地上了，来不及收拾就走了，不是向东的错误。可是向东的爸爸哼哼两声就走了，根本就没有跟孩子说声对不起。

生活中，有不少父母认为向孩子认错、道歉，会失面子，失去自己的权威。其实不然，父母学会向孩子"道歉"对教育子女大有裨益。如果父母有了错误，能主动向孩子道歉，那么当孩子有错误时，他也会仿效，主动承认错误，主动道歉。

4. 让道谢成为一种习惯

"谢谢"这一深含文明、礼仪的词语，让人欣喜、让人心仪、让人感动。对于他人的给予和帮助，我们送上一个笑容和一句真诚的发自内心的"谢谢"。这不仅是感谢别人的方式，更是促进人与人之间关系和谐的礼仪。

有这样一个小故事：

一个小县城的一所中学开家长会，来了几十名家长。几个女同学负责接待。可有些孩子，根本不懂接待是什么意思，她们只是把家长们迎进来，让座、倒茶。空下来的时候，就开始窃窃私语。交头接耳的女孩子把目光集中在了一个人身上。那是转学来的一名同学的母亲，来自北京。她的容貌并不漂亮，衣着和发式也并不显得很时髦，可是女孩子们用她们仅有的词汇得出了一个一致的结论：她最有风度。

其中的一个女孩子去给那位母亲倒水，回来时，脸颊红红的。她迫不及待地对自己的同学们说："你们猜，我倒水时她对我说什么了？"不等同学们猜，她就说了出来："她说，'谢谢'。"

女孩子们面面相觑。在她们这样的年纪，在她们这么偏远的小县城里，没有谁用过、听过"谢谢"这两个字。这是一个多么新鲜、温暖的词啊。

女孩子们开始争先恐后地去倒水，然后一个个脸红红地回来。轮到倒水的女生甚至会有点儿心跳加快，她们总是害羞地走到那位"最有风度"的母亲面前，轻轻地加满水，红着脸听人家说一声"谢谢"。那个时候的她们，还不会说"不客气"。

那次家长会后，那个转学来的同学成为了所有同学羡慕的对象。大家都认为，她拥有一个最幸福的家庭。从那次家长会后，那些窃窃私语的女孩子们学会了一个极温暖的词：谢谢。

在人和人之间，最容易建立起亲近感觉的方法就是礼貌。当我们每个人都开始使用那最简单但也最温暖的词汇时，我们就能够得到最大限度的尊重。

在人生旅途中，每个人都接受过来自他人的帮助，你是否认为理所当然？接受了别人的帮助之后，你是否想起说声"谢谢"呢？

有一批应届毕业生，被导师带到杭州的某实验室参观。他们坐在会议室里等待实验室孙科长的到来，这时有位实验室的服务人员来给大家倒水，同学们表情木然地看着她忙活，其中一人还问了句："有矿泉水吗？天太热了。"服务人员回答："抱歉，没了。"学生们顿时怨声一片。

只有轮到一个叫康辉的学生时，他轻声说："谢谢，大热天的，辛苦了。"这个服务人员抬头看了他一眼，满含着惊奇，虽然这是很普通的客气话，却是她今天听到的唯一的一句感谢话。

这时候，孙科长走进来和大家打招呼，可能大家已经等得不耐烦了，竟没有一个人回应，孙科长也感到有些尴尬。康辉左右看了看，犹犹豫豫地鼓了几下掌，同学们才稀稀落落地跟着拍手，由于不齐，越发显得零乱起来。

孙科长挥了挥手："欢迎同学们到这里来参观。平时这些事一般都是由办公室负责接待，因为我和你们的导师是老同学，非常要好，所以这次我亲自来给大家讲一些情况。我看同学们都没有带笔记本，这样吧，王秘书，请你去拿一些我们部里的纪念手册，送给同学们作纪念。"

接下来，更尴尬的事情发生了，大家都坐在那里，很随意地用一只手接过孙科长双手递过来的手册。

孙科长的脸色越来越难看，走到康辉面前时，已经快要没有耐心了。就在这时，康辉很礼貌地站起来，身体微倾，双手握住手册恭敬地说了一声："谢谢您！"

孙科长闻听此言，不觉眼前一亮，伸手拍了拍康辉的肩膀："你叫什么名字？"康辉很礼貌地回答了自己的姓名，孙科长微笑着点头回到自己的座位上。早已汗颜的导师看到此景，微微松了一口气。

两个月后，毕业分配表上，康辉的去向栏里赫然写着这个实验室的名字。有几位颇感不满的同学找到导师问："康辉的学习成绩最多算是中等，凭什么选他而没选我们？"

导师看了看这几张年轻而趾高气扬的脸，笑道："是人家点名来要的。其实你们的机会是完全一样的，你们的成绩甚至比康辉还要好，但是除了学习之外，你们需要学习的东西太多了，礼貌便是重要的一课。"

成功看似偶然，却隐藏着必然。一声"谢谢"虽然微不足道，却体现了一个人的素养，也许能够在关键时刻改变人的命运。在接受别人帮助时，道一声感谢，是对别人文明之举的一种肯定，同时也体现了一个人的教养。

一句"谢谢"，是对别人所付出劳动的一种肯定；是对别人所付出劳动的一种鼓励；更是对别人所付出劳动的一种最起码的尊重。我们要教会孩子时刻怀着感恩的心，学会道谢，并让道谢成为一种习惯。

星期天，王双骏的爸爸约了几个好朋友来家里吃饭。这几个朋友都是爸爸的"死党级"哥儿们，经常来家里一起玩。所以他们来到王双骏家就跟自己家似的，毫不拘束。王双骏一家也不拿他们当外人。

这次，有一位叔叔给王双骏带来了一个非常漂亮的汽车模型，而且是王双骏最喜欢的"兰博基尼"。王双骏接过汽车模型便端详起来，喜爱之情溢于言表。可是，他却没有向叔叔表达谢意。此时，王双骏的妈妈从厨房里出来看到了车模，忙问王双骏有没有谢谢叔叔。王双骏憨笑了两声说道："叔叔又不是外人，不用说谢谢了吧。"送他车模的那个叔叔也在一旁附和："就是嘛，我们都是自己人，何必客气。"

王双骏的妈妈听了对儿子说道："自己人送了你礼物也要说声谢谢呀！你忘了你看过的故事书里小浣熊是怎么向自己的家人表示感谢的了吗？"听了妈妈的话，王双骏仍旧憨笑了两声，没有任何表示。妈妈要忙于做饭，没时间再继续跟儿子讲道理，就无奈地摇摇头离开了。

等客人们走后，妈妈来到王双骏的房间，严肃地说："叔叔送给你礼物，你为什么连一声谢谢都不说呢？"

王双骏噘着嘴反驳道："叔叔总来我们家，我都把他当好朋友了，干吗还非要说谢谢嘛！"

妈妈觉得孩子在这一点上的认识存在误区，有必要好好教导一下。于是，妈妈对王双骏说道："宝贝，你想过没有，叔叔送礼物给你，难道就是人家应该做的吗？虽然叔叔不是非得要你说声谢谢，但是如果你说了，叔叔是不是会更开心呢？而且也会显得你更有礼貌啊。”

妈妈讲完这段话，王双骏眨巴了几下眼睛，似乎明白了其中的道理。他认真地点点头，对妈妈说道："看来还是妈妈说得对，我不该因为觉得叔叔是自己人就这么不懂礼貌，以后我一定会注意的，谢谢妈妈告诉我这个道理。"

让孩子说一声"谢谢"，这是最基本的礼貌，这也是对别人起码的尊重。虽然只是简单的两个字，但却能铸就孩子一生良好的品质！

父母作为孩子的第一任老师，需要教给孩子的东西太多太多。而最基本的就是要教孩子拥有一颗感恩的心，学会对帮助自己的人说声"谢谢"。

5. 守时是一种礼貌

守时，对个人来说是一种好习惯，在与他人的交往中是一种礼貌和信用。守时与否体现了一个人的教养和基本素质，不可小觑。

一个初夏的午后，心血来潮的康德突然想要去珀芬小镇拜访他的老朋友威廉先生，于是，他马上写信给威廉先生，说自己将会在3月5日上午11点钟之前到达那里。很快，仆人就拿来了威廉先生的回信，信上说非常欢迎他的到来。

3月4日，康德就到达了珀芬小镇，因为天色已晚，而且到达威廉的家还有一段路程，他就先在小镇的旅馆里住了一晚。第二天一大早，他就租用了一辆马车赶往威廉先生的家。

威廉先生的家在距离小镇几十千米的农场里，而且到达那里还要穿过一条河。

当康德和马车夫赶到河边的时候，不得不停了下来。马车夫说："对不起先生，这条河我们现在过不去了，河上的桥坏掉了，而且也没有其他路可走。"

康德只好从马车上下来，看着已经断为两截的桥，他知道确实不能从桥上过去了。他焦急地问马车夫："这附近还有其他桥吗?"

马车夫摇摇头说："没有了，先生。这附近就这一座桥。"

康德看看手表已经10点钟了，如果再不想办法过去，恐怕就要失约了。虽然面前的河并不怎么宽，可是因为最近雨水很多，河水还是非常深的。

康德四处瞅了一下，发现不远处有一户农舍，于是快步走到那里，指着面前破旧的农舍对主人说："请问，你愿意出售这间房子吗?"

农舍的主人是一位老妇人，她非常吃惊地说："我这个房子又破又旧，而且在这么偏僻的地方，您买它做什么?"

"你不用管我做什么用，你愿意出售吗?"

"当然，我非常愿意，200法郎就够了。"

康德想也没想就立即掏出200法郎递给老妇人说："如果现在你能够从房子上拆一些木头，并把那座桥修好，那么这个房子我马上还给你。"

"先生，你不是在开玩笑吧?"老妇人再次睁大了双眼。

"这当然不是玩笑，我的时间很紧急，请快一点儿……"没等康德说完，老妇人就吩咐自己的儿子去修那座桥。

很快，桥修好了，马车安全地过了桥，并在10点50分的时候把康德准时送到威廉先生的家门前。

早已等候在门外的威廉先生一看到康德先生，就热情地迎上去说："亲爱的老朋友，你还是像以往一样准时啊！"

康德和老朋友威廉度过了一段美好的时光，而对于自己买房修桥的事情，他却没有提起。

后来，得知这件事情的威廉先生特意写信给康德说："我们是非常要好的朋友，大可不必为准时赴约而煞费苦心，晚一些也没什么，更何况是在遇到意外的情况下。"

但康德在回信中说："不管是对待老朋友还是陌生人，守时都是必须的，因为时间对我们每个人都是很珍贵的。"

守时是一种对别人的尊重，是个人的信誉，是一种细节处体现的美德。它不仅体现出一个人对人、对事的态度，更体现出一个人的道德修养。

德国民间就流传着这么一句话，准时是帝王的礼貌。守时就是遵守承诺，按时到达要去的地方，没有例外，没有借口，没有理由，任何时候都要做到。即便你因为特殊原因不得不失约，也应该提前打电话通知对方，向对方表达你的歉意。这不是一件小事，它代表了你的素质和做人的态度。这里不是要告诉你守时这条原则的重要程度，是要告诉你它如此重要的原因。如果你不尊重别人的时间，你也不能期望别人会尊重你的时间。一旦你不守时，你就会失去影响力或者道德的力量。

有一次中国香港最著名的畅销书作家梁凤仪应邀到北京大学做报告，时间是下午3点。当天上午她应邀参观了中央电视台的一个拍摄基地后，她觉得时间还很充足，就和基地的领导共进了午餐。谁知乘车去北京大学的路上堵车了，结果迟到了一小时。

会议开始后，主持人一再强调："梁老师迟到是因为堵车。"但是，走上讲台的梁凤仪觉得自己是不可原谅的，她说："各位同学，我在此向大家诚恳道歉！北京堵车是常事，但我不应该为自己找借口，我应该把堵车的时间计算在内，做好充分的准备。如果在座的有一千位同学，我迟到的这一小时，对大家来说，就是浪费了一千个小时的生产力量，影响一千个人的心情啊！我只能盼望你们的原谅！"她的话，不仅赢得了同学们热烈的掌声，更赢得了大家发自内心的爱戴。

守时是一种美德、一种素质、一种待人有礼的表现。对于不守时的人来说，浪费的不仅仅是自己的时间和生命。守时是尊重别人的时间和尊重自己的时间。尊重别人的时间相当于尊重别人的人格、权利，尊重自己的时间则无疑是珍惜自己的生命。因此，守时的人更容易获得他人的尊重。每次的守时，都会给对方留下良好的印象，从而为自己赢得更多的朋友。不遵守时间的人，在浪费自己和别人宝贵时间的同时，也会失去朋友，有谁愿意和一个不懂得珍惜时间、不懂得尊重他人的人做朋友呢？不守时只是一个表象，深层次的原因源于对时间的轻视和对别人的漠视，所以说，守时不单单是礼貌问题，更是人格问题。

一个守时的人定是一个懂得珍惜时间的人，不仅仅要注意不浪费自己的时间，也要注意不能浪费别人的时间。管理好自己的时间，就是让自己无论在做什么事的时候都能够轻松应对、游刃有余。一个守时的人，必将获得别人的尊重，也必将赢得自己的成功。

　　守时，是现代人必备的素质之一，现代生活节奏的加快更呼唤着人们的时间意识。然而让人遗憾的是，现在的很多孩子都不懂得守时。在我们的生活中，不守时的现象比比皆是，如上学迟到、和朋友约会迟到等。这种不守时的行为不但会给他人留下不好的印象，还可能影响孩子的生活以及今后的发展道路，给孩子的人生留下不可估量的损失。所以，守时的习惯应该从小养成，记住要及时帮助孩子纠正不守时的坏习惯。

　　(1) 帮助孩子认识到守时的重要性

　　孩子之所以不守时，是因为他没有认识到守时的重要性。如果孩子不守时，而我们又一次次地原谅他，他就没有机会认识到守时的重要性。

　　人们常说"一寸光阴一寸金"，时间和机会一样从来不等人。所以，我们要让孩子懂得珍惜时间，同时也要珍惜他人的时间，不要总是迟到，让别人等自己。一旦养成了不守时的坏毛病，将来错过的可能不仅是约定，也许还有机会，甚至更多。

　　(2) 为孩子做出守时的榜样

　　在家庭中，父母是孩子的榜样，他们通过言传身教影响孩子，而对于孩子身教更重于言传。孩子就是父母的镜子，什么样的父母就会培养什么样的孩子。所以，身为父母，应该以身作则，注重实践观念，养成守时惜时的好习惯。父母不仅应保证每天按时接送孩子，而且在工作、生活、言行方面都应该做孩子的榜样。答应孩子的事情，都要做到，绝不拖延或改换时间。即使有特殊情况导致不能遵守约定的时间，一定要向孩子道歉，并说明原因，使孩子知道父母不是有意的。通过长期教育和榜样行为的影响，孩子遵守时间的行为习惯不仅能得到发展和巩固，而且也能初步懂得遵守时间的重要性。

(3) 对孩子进行指导和督促

守时也是守约的一种表现。孩子虽然重视与朋友间的约会，但自我控制能力不足，有时因贪玩或留恋某一件事，不能准时赴约，或因时间观念不准确，而错过约定时间，父母有责任提示孩子约定的时间。比如孩子和同学约好去图书馆，家长可以提前问一问孩子"准备好了吗""你们几点出发"，提醒孩子按时赴约，守时守信。家长平时要注意做个有心人，抓住孩子生活中的点点滴滴，有针对性地对孩子进行具体指导，孩子做得对的给予肯定和支持，不对的帮助其分析和思考。

6. 善于赞美的孩子最受欢迎

赞美是人际关系的"润滑剂"，也是最有效的技巧，它能缩短人与人之间的心理距离，使人彼此之间产生亲切感。几句适度的赞美，可使对方产生亲和心理，为交际和沟通提供前提。

每一个人都是人际关系的百万富翁。然而可悲的是：我们太多的人"窝藏"了这种财富，或者只是吝啬地少量地施舍出来；甚至更糟的是，根本意识不到我们拥有这种财富。那么，这种财富究竟是什么呢？就是"惠而不费"的赞美的语言。

美国纽约历史上第一任黑人州长罗杰·罗尔斯出生在纽约的一个叫作大沙头的贫民窟，在他小的时候，正是美国嬉皮士流行的时代，他跟当地所有的孩子一样顽皮，逃课、打架、斗殴，整天无所事事，令人头疼。幸运的是罗尔斯当时所在的小学来了位新的老师叫皮尔·保罗，有一次罗尔斯正在班里恶作剧时，出乎意料地听到新老师对他说："我一看就知道，你将来是纽约州的州长。"从此，罗尔斯记下了这句话，"纽约州州长"就像一面旗帜，带给他信念，指引他成长。四十多年后，在他51岁那年，他真的成了纽约州州长，而且是纽约历史上的第一位黑人州长。

其实每个人都渴望着别人的期待和赞美，就像这位最终实现自己的理想成为州长的顽童，如果没有这位老师的赞美，绝不可能取得日后的成功。

美国的一位学者这样提醒人们：努力去发现你能对别人加以夸奖的极小的事情，寻找你与之交往的那些人的优点；那些你能够赞美的地方，要形成一种每天至少五次真诚地赞美别人的习惯，这样，你与别人的关系将会变得更加和睦。

有一位女大学生，她因为宿舍中的人际关系紧张而苦恼。她打电话和母亲说，在宿舍里同学们互不来往，各自忙着自己的事情，似乎相互都有戒心，很难知心交谈，宿舍气氛沉闷，她希望改变这种状况，但又不知从何做起。母亲告诉她：从现在开始，试着夸奖他人，真心赞赏他人的长处，如："你今天气色很好！""你的眼睛真亮！""这件裙子对你再适合不过了！"等等。不久以后，她打电话告诉母亲说，宿舍的气氛完全变了样儿，大家相互帮助，彼此关心，在一起时有说有笑，下课后都愿意回宿舍，好像宿舍有一种无形的吸引力。

赞美是人与人相处的最巧妙的方法。在人与人交往的过程中，适当地赞扬对方，会增强这种和谐、温暖的感情。

赞美是人际交往中最美的语言，它能让说者增光，听者愉悦。莎士比亚曾经这样说过："赞美是照在人心灵上的阳光。没有阳光，我们就不能生长。"赞美作为一种与他人沟通的技巧，其可谓是具有神奇的魔力，即使是几句简单的赞美都会让人感觉到满足，能给对方的心灵带来光明。所以，在日常生活中，应该鼓励孩子去发现、寻找别人值得称赞的地方，并设法真诚地告诉别人，这样既可以给别人平凡的生活带来阳光与欢乐，使生活更加光彩，也会让赞美别人的孩子有一个良好的人际关系。

大鹏上小学四年级了，一天，他和父母到姑姑家做客，姑姑做了一桌菜，却不是很好吃。大鹏的父母面面相觑，也不知道该说什么好。姑姑也是满面通红，坐立不安。大鹏却说："姑姑做的菜很特别，我有个同学就爱吃特别的东西，下次请他来您家吃饭好吗？"经他这一说，饭桌上尴尬的气氛立刻得到了缓解。

赞美是人际交往中最能打动人心的语言。学会赞美和欣赏别人对于提高孩子的人际交往能力有很重要的作用。赞美和欣赏都是一种积极的情绪。学会赞美和欣赏别人就是学会找出别人的优点，无形中看出自己的差距，这是一种潜在地激励自己的动力，有助于自己的进步。同时由于你的赞美和欣赏，别人获得了鼓励，对你有好感，更愿意和你在一起，这样便形成一种无声的凝聚力。生活中只要孩子注意到了这一点，经常恰当地赞美别人，将会改变孩子的生活，让孩子拥有良好的人际关系。

(1) 让孩子明白赞美的真正意义

让孩子明白赞美是发自内心的真诚的语言，它并非虚情假意，也并非言不由衷。告诉孩子，如果别人把事情搞砸了，你却"不失时机"地赞美道：你做得真好，我想做还做不到那个样子呢。这个时候，赞美就变成一种讽刺了。不真诚的赞美往往会起反作用，不但不会使别人舒畅，反倒会伤害人。所以，父母要让孩子学会真诚地赞美别人。真诚的赞美不但能让孩子产生心理上的愉悦，还让他学会发现别人的优点，从而对人生持有乐观、欣赏的态度。

(2) 让孩子欣赏他人的优点

每个人身上都有优点与缺点，爱看别人优点的人总比爱看别人缺点的人会更快乐、也更受欢迎一些。所以，我们鼓励孩子多去看别人的优点，多去欣赏别人。当孩子挑剔别人的缺点时，父母要及时纠正、引导，告诉孩子人无完人。看别人要多看优点，不要总是盯着别人的缺点。比如，你的同桌虽然成绩不如你，可是人家唱歌比你好，或者比你会跳舞等。多看别人的优点，才能够欣赏他人。这有利于孩子与他人的相处。

(3) 学会赞扬自己的孩子

在生活中，家长要对孩子多一点赞扬，少一点挑剔、批评、指责。孩子受到家长的熏陶，自然而然就学会了赞美他人、关心他人、体会他人的感受。

秋妍与丝岚住在同一个小区，同上一所幼儿园。她们的妈妈都很疼爱她们，但是两人教育孩子的观点不同、做法不同，因此对孩子产生的影响也不同。

孩子上中班时，幼儿园老师要求孩子学习整理床铺，到学校后还要讲述自己的心得。两个孩子清晨起床后按照老师教的方法，自己动手叠被子。

因为孩子是第一次叠被子，所以叠得都不怎么好。但是面对孩子自己动手叠得并不整齐的被子，两位母亲是怎么做的呢？

秋妍的母亲气冲冲地冲孩子喊着："我说你不会叠，你偏要逞能。看！叠得乱七八糟，像什么样子！去去去，让我重新给你叠。"妈妈不由分说地把孩子费了九牛二虎之力才叠好的被子打开，重新叠了起来。秋妍沮丧地走到一边，伤心极了，从此她再也不愿尝试自己做事情。

丝岚的妈妈欣喜地夸奖孩子："今天我们丝岚会自己叠被子了，真能干。来！让妈妈看看。嗯，真不错，如果这个地方再整理一下就更好了。"妈妈一边说着，一边教孩子怎样把被子叠得更整齐。丝岚受到鼓励，不仅把被子叠得越来越整齐，而且独立做事的兴趣和信心都越来越强了，更重要的是她学会了欣赏和赞美他人。

可见，表扬的力量永远比批评的力量要大。对于孩子所取得的任何成绩，即使是微不足道的，父母都要及时给予表扬。这会在孩子的教育上收到意想不到的效果。因此，建议父母们学会用欣赏的眼光去看待孩子，教会孩子善于发现别人的长处，并真诚地赞赏他人。

第五章

创 新 能 力

——凡事都问个 "为什么"

孩子，人生应当做点错事。做错事，就是长见识。我
不会给你什么忠告，只希望你事后问自己一句 "为什么"。

1. 引导孩子善于质疑

天真好奇是孩子的天性，他们的脑子里常常会出现许多"为什么"，这就是质疑。巴甫洛夫说过："质疑，是发现的设想，是探究的动力，是创新的前提。"父母在培养孩子创新能力的过程中，特别要保护和发展孩子的想象力，善待孩子的质疑。

学贵有疑，小疑则小进，大疑则大进。孩子的质疑精神是他们求知欲的表现，是他们主动参与、自觉学习、积极探寻的生动体现。有了疑问，才能有思考，才能有探索的动力和创新的能力。

孩子其实生性就是多疑的，因为他们对现实世界的认知很有限，对身边的一切新鲜事物都感到好奇，因此求知欲也强，爱问这问那。针对孩子的这种好奇心，父母应该因势利导、不失时机地给予正确的引导和培养。要知道，正是这种不断质疑的态度，才让他们有动力去探索和创新，这也是孩子获得知识、增长智慧的第一步。

正如大文学家巴尔扎克所说："生活的智慧大概就在于逢事都问个为什么。"

"质疑"是打开智慧宝库的"金钥匙"，"质疑"是使孩子由被动变主动的"舵手"。那么如何培养孩子学会质疑呢？

(1) 鼓励孩子起疑

孩子能不断地提出问题，是多思、好学、求知、创新的具体表现，家长应对此予以鼓励。平时可以帮孩子搜集一些有关质疑的名言和名人事例，以此来启迪、鼓励孩子质疑。要孩子充分认识"疑"是学习的需要，是思维的开端，是创新的基础，它对我们的学习非常重要。"疑"使人们的智慧之树开出艳丽的花，结出丰硕的果。

(2) 引导孩子学会质疑

孩子的小脑袋里总是藏满了问题，当他们皱着眉头，一脸急切地来问"为什么"时，父母自然的反应就是尽力给他们答案。如果父母能够尝试一下：找到孩子感兴趣的话题，忍住告诉孩子答案的冲动，在孩子的"为什么"之后，随即把问题反问回来："这真是个好主意，你觉得呢？"你会发现，这种引导孩子学会质疑的反问，会使孩子的小脑瓜开始运转起来，他完全被自己提出的问题所吸引，饶有兴趣地跟你讨论，甚至在讨论结束后兴致仍然高涨。

(3) 认真给孩子答疑

我们都知道，好奇、探索是孩子的天性，然而，很多父母却又似乎不太了解这一点。当孩子发问时，他们常常不耐烦地说："就你的话多""自己去玩，别烦我"……有的父母回答不出孩子提出的问题，便以诸如"快点吃饭吧"之类的话来搪塞敷衍。他们不知道就是这么一句不经意的话，也许从此就"扼杀"了孩子的好奇心，埋葬了他们敢于质疑的勇气，并导致孩子以后羞于开口。

当然，父母不可能知道每一个问题的答案。对于孩子所提出的较深奥的问题，父母不知道怎么回答，或者有些问题的答案可能不便于直接告诉孩子，应该怎么办呢？遇到这种情况，也要正确处理。最好的办法就是引导孩子看书，可以谦虚地告诉孩子，他提的问题真好，但这个问题自己也不懂，等查完书再回答他，或者让他自己查书找答案。当然，父母最好亲自与孩子一起去找答案，这表明了父母对孩子疑问的重视，也是对孩子的一种鼓励，能提高孩子提问题的兴趣。

2. 保持孩子强烈的好奇心

每个孩子的个性可能有千差万别，但是有好奇心却是孩子与生俱来的共性。他们喜欢东看看、西摸摸，甚至喜欢拆开玩具看看究竟，往往越聪明的孩子，好奇心越强。好奇心是一种宝贵的品质，表现了孩子的认知欲和探究欲，也是创造性思维的开始和萌芽。

好奇心是人对新鲜事物进行探索的一种心理倾向，它是推动人积极地去观察世界、认识世界的内部动因。孩子有好奇心，他们对周围世界中所有未知的事物都充满探究的欲望，他们希望探究清楚每一种事物中深藏的奥秘。孩子的好奇心异常宝贵，它是推动孩子获取新知识的主要动力，也是他们养成积极进取性格的动力。

孩子在5岁以前是好奇心最强烈的时期，也是学习能力、吸收外界知识信息的能力最强的时候。在这一时期，对于孩子的好奇心，如果父母引导得恰当，它就会成为孩子探索和成长的强大动力，会成为他们以后学习、工作或研究兴趣的开端，成为他们事业成功的起点。

好奇心能引发孩子的求知欲，是推动孩子主动学习、探求知识的内在驱动力。未来社会是一个充满不确定性、多元化的社会，我们的孩子也将会面临复杂的竞争环境。这就需要他们用超群的想象力、大胆的探索精神去解决问题。而所有勇于实践的行为，都源于他们的好奇心和丰富的心灵底蕴。

好奇心可以被父母的无知摧毁，也可以被父母的爱心培养出来。因此，父母一定要保护好孩子的好奇心，这对于培养他们探索创新的精神、对于他们的健康成长都是至关重要的。为此，父母要努力做到以下几点：

(1) 认真对待孩子提出的各种问题

不管孩子的问题多么幼稚可笑、多么"肤浅无知"，父母都不要简单地拒绝或敷衍他们的提问。因为对孩子的每个问题的解决，都代表着他们向未知世界的成功探索迈近了一步。对于孩子提出的各种问题，父母都应该给予他们满意的回答，这样可以较好地保护他们提问的积极性、保护他们的好奇心。如果父母回答不出来，就带孩子一起去寻找答案，引导他们通过读书、上网或问老师获知答案。

(2) 父母应多问孩子"为什么"

由于孩子的大脑还没有发育完全，思想不够敏感和活跃，所以，常常会对某些新鲜事物视而不见。父母平时要多问孩子"为什么"，比如在公园，可以问他"风筝为什么能飞起来"；到了冬天，问他"羽绒服为什么能保暖"……当孩子在父母的引导下，看见任何事物都要问"为什么"时，他会养成思考和探索的好习惯。

(3) 让孩子多动手

父母应该让孩子多动手，在自由的空间里随性地创造，以激发孩子的好奇心。

有一天，牛牛对家里的几台拼装四驱车产生了兴趣，他很想知道，为什么有的四驱车跑得快，而有的跑得慢？咨询后才知道，汽车跑得快与慢，全由发动机决定。于是，父母鼓励牛牛自己改装发动机。他抠抠弄弄地搞坏了几台，越弄问题越多，父母为此花了不少钱，但牛牛最终还是改装成功了，他也因此对机械知识产生了浓厚的兴趣。

在日常生活中，父母应放开手脚，让孩子在实物操作中，激发好奇心。总之，好奇心是一种强烈的心理活动，一个孩子是否具备好奇心，往往反映了其思维是否活跃，心灵世界是否敏感和丰富。所以，父母们要从生活的各个环节入手，培养孩子无处不在的好奇心。

3. 孩子"犯错"不可怕

孩子是稚嫩的、不成熟的、容易犯错误的，他们成长的过程其实就是不断犯错误的过程，也正是不断改正错误、掌握方法的过程。如果一个孩子怀揣着一颗好奇心去看待、感受世界，并且他还具备一定的探索能力以及动手能力，那么他一定会犯错。而正因为好奇心所导致的犯错，才让孩子对世界有了更加深入的了解和把握，从而在心理和智力上逐渐走向成熟和完善。

反之，如果孩子在成长的过程中从来不犯错，那么后果就会像有人断言的那样：从不犯错的孩子，智力发展一定会受到限制。尽管许多家长通常以"听话"作为评价"好孩子"的标准，但快速发展的科学和时代，往往更加青睐和呼唤那些不时"调皮捣蛋、到处闯祸"的"淘气孩子"。罗素就曾这样说："任何一个从事少年教育工作的人，到最后都会比较喜欢有时做点坏事、捣蛋的孩子，而比较不喜欢一直当'好孩子'的少年。"

一位中国学生到一位美国老师家做客，无意中看见老师不满三岁的孩子拿着一把钥匙，动作笨拙地试着插进锁孔中，想打开卧室的门。可怎么也插不进、打不开。这位中国客人想过去帮他一下，却被美国老师阻止了。美国老师说："让他自己先犯错误吧，琢磨一会儿总能把门打开，这样他就不会忘记这门应该是怎样打开的！"果然，那孩子折腾了很长时间后，终于如愿以偿。他欣喜地大拍其手，其兴高采烈的心情绝非大人帮他开门所能获得。

在生活、学习中，假如父母不给孩子"犯错"的机会，轻易地帮他"开门"，不但剥夺了孩子寻求正确"开门"方法的乐趣，更会使他们变得懒于动手，疏于尝试，习惯依赖父母、老师，以至于泯灭天性，永远不会自主、自强。

爱迪生小时候是出了名的"捣蛋鬼"：曾把一个实验室炸毁；曾坐在几个鸡蛋的上面学着母鸡的样子孵小鸡；曾把一种名为"沸腾散"的泻药让邻居家的小孩吃下去，以为这样会让那个小孩的肚子像沸腾的水一样冒气，并且有了气以后他就会像气球一样飞上天，结果差点闹出人命……小时候的爱迪生诸如此类的"犯错"行为数不胜数，直到他长大后依然如此。

现在，无论你是否认可"让孩子犯错"这种教育观念，至少希望你能以一种宽容、平和的心态去面对孩子的错；至少应该知道孩子偶尔因好奇心犯下的错并不可怕，值得原谅。我国著名教育家陶行知先生有这样一句令人耳熟能详的名言："你的教鞭下有瓦特，你的冷眼里有牛顿，你的讥笑中有爱迪生。"

人生应当做点错事。做错事，就是长见识。

不要给我忠告，让我自己去犯错。

一个人怕犯错，就是畏惧现实；一个人想逃避犯错，就是逃避现实。一个教育者不允许孩子犯错，就是不允许孩子成长。人类历史上，一个成功者所犯的错误往往要比失败者多得多。

4. 培养孩子灵活应变的能力

在如今科技、经济等迅速发展的社会里，一个人的应变能力显得尤其重要。没有应变能力，只守着满腹的死知识是跟不上时代潮流的。所以，妈妈想让孩子在未来社会中获得工作上的巨大收益，就需要培养他们灵活应变的能力，让他们成为新时代的"变色龙"。事实上，目前许多企业在招聘员工的时候，都强调必须具备出色的应变能力，因为这样才能在未来的工作环境中对外界信息做出有效的反应，能够做到独当一面。

灵活应变是指能够因应各种环境及状况而做适当的调适，同时还能充分掌握自我，沉着而不失理智。这是孩子处理困难和挫折的重要能力。培养应变能力，随时准备行动，把握机会或解决问题，可以帮助孩子变得更加果断。

小梅今年刚刚四岁，别看她的年龄不大，遇事却总能随机应变，不慌不忙。

有一次，小梅与妈妈正在院子里玩，看见邻居家一个比她大的女孩哭着朝自己家跑来。小梅经常与这个女孩玩，她赶忙迎上去，女孩说她妈妈要打她，说完就跑进里屋藏了起来。正在这时，女孩的妈妈手里拿着一把笤帚进了院子，问小梅的妈妈看到她闺女没有。小梅的妈妈刚要说话，小梅忙把话接了过来："去那边了。"小梅指着相反的方向说。女孩的妈妈就走了，小女孩免了一顿揍。后来还向小梅道谢呢。

小梅遇事的应变能力很好，这和父母平时的培养不无关系。如果父母平时只注重孩子的成绩，而没有从多方面各角度地对孩子进行培养，那就是对孩子不负责的表现，也对孩子将来的发展不利。都说孩子是父母的"心头肉"，是家庭的未来和希望，父母总是竭尽全力为孩子遮风挡雨，希望给孩子营造一个美好的成长环境。可是生活中有不少父母只是片面地追求孩子的智力发展，而忽视了培养孩子灵活应变的能力，平时在家里总是对孩子百依百顺，凡事包办，造成孩子依赖性大，应变能力不强，遇到问题只能等待家长或老师帮助解决。这样的孩子，往往对潜在的危险浑然不觉，如果面对突发事件，也只会束手无策、坐以待毙。

周末，雪儿和妈妈一起逛街，一时走散了。雪儿心里害怕极了，躲在商场一角放声大哭，商场保安和过路的人问她话，她却什么也不说，只是一直哭着叫妈妈。幸好妈妈也没走多远，看到那么多人围观，还听到了雪儿的哭声，就找了过来。

雪儿应对突发事件的能力就比较差，幸亏她是在商场里和妈妈走散，要是在马路或者巷子里走散，那后果就可能很糟糕。如果运气好被好心人送到派出所，可她又不愿意开口，那么找起来也很费劲；要是运气不好被坏人拐走，一时走散可能就变成了一辈子的失散。

只有一个具有较强的应变能力的孩子，在遇到任何紧急情况的时候，才会将损失降到最低程度，争取到最好的结果。那么在日常生活中，应该如何培养孩子灵活应变呢？

(1) 培养孩子适应周围环境变化的能力

妈妈应该让孩子知道早晚气温不同，应该注意保暖；应该知道出门要带什么东西；应该知道不同的地方可能会发生什么情况等。

(2) 培养孩子适应自身生理或心理变化的能力

所说的变化包括：身体的某个部位不舒服能及时告诉成人；有烦恼时，知道向父母或知心伙伴倾诉。

(3) 培养孩子对不同事物做出不同反应的能力

比如要相信他人，但是，对于陌生人或者心存不良的人又要有所提防；如果父母生病了应该怎么办，老人生病了应该怎么办，等等。这些都要教孩子去判断。

(4) 培养孩子应对突如其来的事件的能力

比如遇到突然停电时，怎样去点蜡烛、开手电筒；遇到陌生人问路，应该怎样避免被骗；遇到煤气泄漏怎样去控制；着火了知道用灭火器浇灭，迅速转移易燃品等。

(5) 让孩子多参加一些具有挑战性的活动

父母应该有意识地让孩子去做一些有难度的事情，或者参与富有挑战性的活动，这样孩子在实际的操作中，通过自己积极思维、动手实践，应变能力就会在不知不觉中得到锻炼与加强。

5. 让孩子成为生活的调味师

父母如果仔细观察一下身边的孩子，就会发现"喜新厌旧"是每个孩子固有的一种心理状态。由于每个孩子的成长环境不同，个人的性格不同，他们有的喜欢新鲜的蔬菜水果；有的喜欢新鲜的空气；有的喜欢新潮的衣服；有的喜欢新奇的表演……对于生活，孩子也喜欢花样翻新的内容，而对终日一成不变的生活方式感到厌倦。为此，父母应该培养孩子时刻让生活保鲜的性格。

许多父母可能都有这样的体会，学习或工作一段时间后，原有的兴奋感就会降低，甚至产生厌倦情绪，即使自己如何努力也无济于事。在生活上，对终日固定的生活内容提不起精神来，总是希望开创一种全新的生活方式。可是现实生活中，许多人都在重复一成不变的生活方式：早晨6点起床，然后烧饭、买点心，接着催促孩子起床吃早饭、送孩子上学，到公司上班，下午5点下班，6点回家烧饭、用餐，看电视、看书、睡觉。没有了新鲜感，许多人陷入了生活的困境之中。

其实，不光成年人这样，孩子的生活也是如此。他们每天早早地起床，吃饭，然后去学校；每天坐在教室里学习功课，背诵英语单词或者运算法则；每天放学回家都有一大堆的家庭作业等着他们，好不容易有个周末，还得去上补习班……面对这种情形，就需要孩子大胆尝试，勇于创新，让自己的生活五彩缤纷转动起来，并且时刻保持新鲜感。

5岁的安妮是个性格内向的小姑娘，出生在美国，父母分别是斯里兰卡和意大利移民。安妮的爸爸妈妈都在银行工作，是个典型的美国中产阶级家庭。也许是受父母的亚欧遗传基因影响，她虽然长着一副欧洲人的面孔，却有一头黑发，肤色也略带黝黑。

在上幼儿园之前，安妮的生活十分单调，爸爸妈妈忙于工作，便请了一位女佣来照顾她。安妮每天只能一个人在房间里玩，她唯一的朋友是一只叫安迪的小狗。后来安妮上幼儿园了，这是她全新生活的开始。由于幼儿园的生活丰富多彩，安妮的性格渐渐变得活泼起来了。有时从幼儿园大门一出来，安妮就兴冲冲地向妈妈讲起幼儿园的见闻。安妮说，幼儿园的老师让小朋友把春夏秋冬四个季节画出来，每个小朋友都画得很认真，颜色搭配得很丰富，老师还夸安妮画得特别好。下午，老师还让小朋友亲手栽培植物。每个花盆上贴一张标签，记录植物的种植日期、名称及主人的名字……安妮兴高采烈地说着，全新的生活就像童话里的彩虹一样五彩斑斓。

有些孩子的生活永远是新鲜有趣的，他们好动，闲不住。要么做游戏；要么有人陪他们玩；要么就自己玩。他们的好奇心很强，只要外界有一点点声响，就会开门跑出去看看。一有空闲，他们就自娱自乐，比如折纸、玩积木、涂鸦、练舞、看画书、玩电脑、摆玩具、玩手枪等；如果自己玩够了，妈妈就"倒霉"了！他们一定要妈妈讲故事、读书、一起浇花、欣赏他们的小乌龟……更多的是带他们去外面玩耍，看花、划船、钓鱼、蹦极等。

对于那些生活枯燥乏味的孩子来说，如何让生活保持新鲜，如何让学习与生活实现良好的平衡，是妈妈不得不思考的问题。"张而不弛，文武弗能也；弛而不张，文武弗为也。一张一弛，文武之道也。"会生活、懂得生活的人会灵活掌握放松与紧张的技巧，而不是机械死板地做事和生活。如果把它运用到教育孩子方面，就是让孩子在学习时全力以赴，全神贯注；闲暇时充分松弛，尽情享受。

让孩子成为生活的调味师，这样才能获得五彩斑斓的多彩人生。

6. 求知欲的培养胜过知识的传授

每个孩子都会提出各种各样、花式百出的问题。耐性再好的父母也难以招架——

如：天空为什么是蓝色的？

为什么男生是短头发女生是长头发？

电视机为何能收到图像？

鱼可以生活在水里，人怎么不能？

……

家长对这些问题的回答，常常存在这样两种情况：第一种是有能力给予解答，但这种情况往往是家长解答过细，帮助过多，将一切事情安排得太妥善、太周到，致使孩子不需要自己多尝试、多思考，从而剥夺了孩子探索、发现、学习的兴趣和乐趣，抑制了孩子天生的好奇心和创造性；第二种情况是，当孩子提出问题时，家长因无力解答而感到窘迫不堪，面对孩子看似没完没了的好奇心而手足无措。往往大发其火，"你这孩子怎么这么烦人，一边去"，或是干脆对孩子的问题不予理睬，"小孩子哪来那么多为什么，我忙着呢！"

这两种情况都是不对的。

其实，家长无法回答孩子的问题不要紧，也不需要不懂装懂保持父母的"权威"，只需要和孩子一起探讨，从孩子的问题中发现并培养孩子的求知欲就是了。

一位儿童教育专家指出，当孩子的提问没完没了时，家长也可以做出令孩子容易接受的回答："我不知道，也许没人知道，也许你将成为第一个发现答案的人。"

俗话说，授人以鱼，不如授人以渔。如果说知识是"鱼"的话，那么，求知欲则是"渔"。可见，求知欲的培养要远远胜过知识的传授。

最根本的是家长应该鼓励、引导孩子提出各种问题，并给予表扬，同时创造环境与条件，帮助他们开动脑筋找到解决问题的方法。

当代社会对人的要求不再仅仅是有知识。发达国家数十年前在家庭教育、学校教育以及社会教育中，就特别重视对低龄儿童求知欲的培养，努力发掘孩子的能力。

美国佐治亚州学者，主张对学生给予"有具体内容的评价"，用这个方法来代替以往的分数。在他的教学实践中，教师对学生的作业不论是书面的还是口头的，不论是图画还是手工制作，都由班里的学生集体讨论共同做出评价。

一段时间以后，课堂讨论便蔚然成风，学生们向教师提出各种各样的问题，课堂气氛极为活跃。更好地刺激学生学习的积极性，也能更好地激发他们的聪明才智。更为重要的是，学生经过这样的学习，胆子更大，求知欲更强烈，更具有进取性，知识面也更广。

人们习惯性认为，学习只是孩子的事情，工作之后的人们将走出学习和求知的门槛。但事实上，学习和求知是不分年龄阶段的。每个人的一生都不可能是工作的一生，但一定是不断求知、不断学习、不断充实自己以适应快速变化的生活的一生。

具有强烈的求知欲，能使一个人真正做到"活到老学到老"。求知欲是人类珍贵的欲望，如果父母不懂得启发、引导孩子的求知欲，将是遗憾的失误。

古今中外，许多最终成为著名人物的人，在学校时并不总是很出色的。有一项对400名杰出人物的调查发现，虽然他们都爱学习，但是其中有3/5的人在学校时成绩比较差。然而一旦他们的求知欲被激发起来，就没有什么东西能阻挡他们。

可见，求知欲的培养，能让孩子受益一生。

生活中，大多数孩子，不会在各方面都表现出创造性和特殊才能，有的特别怕背诵、记忆，但理解能力却不同凡响；有的不爱学习、顽皮，但运动反应机能突出；有的害怕算术运算，但作画却别出心裁……

只可惜，有的家长因孩子没有在自己希望的方面表现突出，又没能发现孩子的特长，就简单地否定孩子，放弃对他的栽培，让他的求知欲和创造才能就此自生自灭。这是家教中的一大败笔。

专家建议，家长不妨细心观察你的孩子，可以从以下各方面去发现孩子的求知欲：

（1）你的孩子是否善于背诵课文？当你在他非常熟悉的故事中更换一个人名、变化一下情节，他是否会立即发觉并予以纠正？或者孩子自己就喜欢讲故事？特别是在别的小朋友面前讲得有条有理、有声有色？

如果答案都是肯定的，那么表明你的孩子富有语言才能。

（2）你的孩子是否注意家长的情绪、行为？感觉到家长的兴奋抑或伤心？是否很喜欢扮演各种角色，如模仿动物等？

如果答案是肯定的，表明孩子对人、对事物的观察及认识能力很优胜。

（3）你的孩子是否常常连续追问"为什么？""天上有什么？为何又有雪花又有雨？""人吃饭，小白兔怎么吃草？"如果答案是肯定的，说明你的孩子数理逻辑才能突出。

（4）你的孩子是否能很快地学会骑车、玩游戏机？是否行动举止潇洒美观；是否善于模仿他人的表情、动作？

如果答案是肯定的，表明孩子的运动知觉能力强。

……

我们可以以此类推，做父母的需要耐心地观察，抓住孩子身上求知欲望的火花，绝不能轻易予以打击或嘲笑。记得，失败的根源不是孩子真的没有特长，而是家长没有发现孩子求知欲望的慧眼，没有真正掌握发现孩子创造才能的方法。

7. 给孩子一片 "破坏" 的天空

很多妈妈常常抱怨说："我家的孩子简直就是个破坏大王，什么东西到他手里立刻变成废品，弄得家里都不敢随便放东西。好像孩子根本就不知道珍惜，难道破坏东西让他很高兴吗？真不知道孩子的心里是怎么想的。"

生活中，许多孩子都喜欢拆拆卸卸家里的小物件和自己的玩具，这经常让妈妈感到头疼，有时还可能因此受到批评。其实，孩子爱搞"破坏"是天性，而且孩子喜欢"破坏"也是创造力萌芽的一种体现。他们对身边的各种陌生事物都充满了新鲜感和探索欲，因此如果家长能合理利用孩子的这种天性，多方引导、鼓励，将有利于孩子的大脑发展及动手能力的提高，更重要的是能从小培养孩子浓厚的求知欲望和创造激情，为其今后的成长奠定基础。

"破坏"是孩子成长发育过程中常会出现的现象，虽然每个孩子所展现出来的"破坏"状况、程度不相同，但每一次"破坏"行为的背后，一定都有一个"真相"。

一天，张女士下班回家，发现鱼缸里的鱼全部"遇难"了。张女士气愤地向家人询问，最终才弄明白怎么回事。原来，张女士的儿子小凯将半杯牛奶倒进了鱼缸里，导致小鱼全部死掉了。

张女士感到十分气愤，这可是她托朋友从国外买回来的名贵观赏鱼，如今竟然被儿子弄死了。张女士拉过儿子要讯问，吓得小凯使劲儿往爸爸怀里钻。这时，小凯的爸爸劝开了张女士，悄悄地问儿子："小凯，你能告诉爸爸为什么要往鱼缸里倒牛奶吗？"

小凯怯怯地回答："你们大人不是天天都说牛奶最有营养嘛，小孩子多喝牛奶可以使身体长得棒。我也想让咱们家的小鱼长得棒一点儿，所以就把自己的牛奶分给它们喝了。"

张女士听了小凯的话，立即意识到了自己的错误，赶紧搂过小凯说："原来是妈妈错怪小凯了。"

爸爸笑着说："你看看，儿子多有想象力啊！为了让咱家的鱼长得更棒一些，都舍得把自己的牛奶分给鱼喝呢……"

第二天，爸爸为了让小凯明白观赏鱼是不喜欢喝牛奶的，特意给小凯买了几条小鱼一起做实验。小鱼在有牛奶的水里不爱活动了，可一换了干净的清水，小鱼便开始快乐地游动起来。在实验中，小凯亲自感受到了观赏鱼是不爱喝牛奶的。

一次原本具有破坏性的活动，最终增长了孩子的知识和见识。小凯的爸爸认为："儿子虽然弄死了几条值钱的小鱼，但他却从中学到了新的知识，丰富了生活经验，这些都是他今后生活中的财富，难能可贵。在小凯的'破坏'活动中，他学会了思考，增长了智慧，我们都为儿子的进步感到高兴！"

有人说，孩子天生就是个创造者，因为他们活泼好动，不被各种规矩所牵制，敢于打破常规，不按照成人的模式去思考，所以他们也常常能创造出与众不同的奇迹来。然而，随着孩子年龄的增长，他们的创造天赋也在一天天减少。原因主要在于，很多孩子的创造力被循规蹈矩的父母在不知不觉中扼杀掉了。对父母而言，"听话"的孩子才是家长希望的，"听话"才是孩子应该最先学会的本领。对此，我们不能不说这是父母在教育孩子过程中的一大悲哀。对于孩子的"破坏力"，父母首先要对孩子有宽容的心态，因为破坏的过程就是个学习的过程。不要严厉地批评孩子，也千万不要说"不许再把玩具拆了，不然下次就不给你买了"等这样警告和威胁的话。因为父母的批评和威胁很可能会扼杀孩子可贵的探索精神。

父母在认可孩子的"破坏力"之余，还要有意识地创造条件，引导孩子思考。在日常生活中，父母要多提些问题让孩子去猜、去想，比如，闹钟嘀嘀嗒嗒地走，父母可以问，闹钟为什么会响，为什么会走呢？皮球为什么一拍就跳很高，如果把气放了，还能跳那么高吗？要在问题提出后，主动带领孩子从"破坏"中寻找答案。

给孩子一片"破坏"的天空，孩子"破坏"的只是可估量的价值，而得到的却是一生受用不尽的财富：思考、创造和智慧。

第六章

人 际 能 力

——永远做一个善良的人

　　孩子，请记住，拥有善良，会让你成为最受上天眷顾的人。这种眷顾未必是财富与权势。善有善报，所报者，爱也。

1. 谦虚是最高的美德

谦虚的人并不希望别人夸奖，尽管人们常常夸奖他。骄傲的人时时想叫别人夸奖，但除了他在别人面前夸耀自己以外，再也没有第二个人夸奖他。

爱因斯坦是20世纪世界上最伟大的科学家之一，他的相对论以及他在物理学界其他方面的研究成果，留给我们的是一笔取之不尽、用之不竭的财富。爱因斯坦在有生之年不断地学习、研究，活到老，学到老。

有人问爱因斯坦，说："您老可谓是物理学界空前绝后的人了，何必还要孜孜不倦地学习呢？何不舒舒服服地休息呢？"爱因斯坦并没有立即回答他这个问题，而是找来一支笔、一张纸，在纸上画上一个大圆和一个小圆，对那个人说："在目前的情况下，在物理学这个领域里可能是我比你懂得略多一些。正如你所知的是这个小圆，我所知的是这个大圆，然而整个物理学知识是无边无际的。对于小圆，它的周长小，即与未知领域的接触面小，所以感受到自己未知的少；而大圆与外界接触的周长长，所以更感到自己未知的东西多，会更加努力地去探索。"

1929年3月14日是爱因斯坦50岁生日。全世界的报纸都发表了关于爱因斯坦的文章。在柏林的爱因斯坦住所中，装满了好几篮子从全世界寄来的祝寿信件。

然而，此时的爱因斯坦却不在自己的住所里，他在几天前就到郊外的一个花匠的农舍里躲了起来。

爱因斯坦9岁的儿子问他："爸爸，您为什么那样有名呢？"

爱因斯坦听了哈哈大笑，对儿子说："你看，小甲虫在球面上爬行的时候，它并不知道它走的路是弯曲的。我呢，正相反，有幸觉察到了这一点。"

爱因斯坦就是这样一个谦虚的人。

事实也是如此，没有一个人有骄傲的资本，因为任何一个人，即使他在某一方面的造诣很深，也不能够说他已经彻底精通、彻底研究全了。生命有限，知识无穷，任何一门学问都是无穷无尽的海洋，都是无边无际的天空，所以，谁也不能够认为自己已经达到了最高境界而停步不前、趾高气扬。如果那样，则必将很快被同行赶上、很快被后人超过。

骄傲是一种不良的心理状态。孩子，尤其是聪明的孩子常容易产生骄傲自满的情绪，父母应该给予积极的引导，使其心理健康发展。在现实生活中，有些孩子由于学习成绩较好或者某方面有特长而经常受到家长和老师的表扬，太多的表扬常常会误导孩子，使他们不能正确认识自己，于是就会滋长骄傲情绪。他们会因此夸大自己的优点，看不到自己身上的问题，而把别人看得一无是处；他们听不进别人善意的批评，总是处于盲目的优越感之中，逐渐地放松对自己的要求，因此导致成绩下降，表现也就不再那么优秀了。对这样的孩子，家长应该及时予以纠正，让他们正确认识问题。

那么，怎样培养孩子谦虚的品质呢？

(1) 让孩子认识骄傲的危害

骄傲自大的人就像井底之蛙，视野狭窄、自以为是，这严重阻碍了自己继续前进的步伐。科学家巴夫给青年人的一封信中这样写道："切勿让骄傲支配了你们。由于骄傲，你们会在应该统一的场合固执起来。由于骄傲，你们会拒绝有益的劝告和友好的帮助。而且由于骄傲，你们会失掉客观的标准。"

当然，我们要让孩子分清楚自信和骄傲的区别。

自信是一种积极的人生态度，它能使人乐观上进；而骄傲是对自己的不全面认识，是盲目乐观，常会让人不思进取。对于父母来说，应该培养孩子的自信心，但不能让他们滋长骄傲自满的情绪。形式上两者有很大的相似性，常会让人迷惑，孩子们常会把自己那点小得意看作是自信的表现，这时父母应该让孩子明白两者的不同之处。

家长应该让孩子认识到骄傲也是健康成长的绊脚石，任何成绩的取得只能是阶段性的、局部的，只能作为一个起点。在学习上，知识是无边的海洋，如果一时一事领先就忘乎所以，恰恰是知识不够、眼界不宽的表现。"满招损，谦受益"，家长应有意识地给孩子介绍一些成功者的经验，告诉他们古今中外凡是有所作为的人都是在取得成绩后仍能保持谦虚奋进的人。

(2) 帮助孩子全面认识自己

孩子骄傲往往源于自己的某方面特长和优势，父母应该先分析这种骄傲的基础：是学习成绩比较好、有某方面的艺术潜质，还是有运动天赋什么的。然后让孩子认识到，他身上的这种优势只不过限定在一个很小的范围内，放在一个更大范围就会失去这种优势；正确的态度应该是积极进取，而不是骄傲懈怠；并且优势往往是和不足并存的，同时应该努力弥补自己的不足。

父母要教育孩子，取得了一定的成绩，这确实是自己努力的结果，但是不要忘记这里也包含着家长的培养、老师的教诲和同学的帮助。

另外，不正确的比较往往容易滋长骄傲情绪。在班集体中，若以己之长与别人之短相比较，这样比较的结果，自然容易让人沾沾自喜，自以为什么地方都比别人强，因而看不起别人。父母应该开阔孩子的眼界，引导他们走出自我的狭小圈子，带他们到更广阔的地方走走；陶冶他们的情操，让他们了解更多的历史名人的成就和才能，使之变骄傲为动力。

(3) 让孩子正确面对批评建议

正确面对批评和建议是终身的学问。骄傲自满往往也和不能很好地处理别人的批评和建议有关。

小军已经上小学五年级了，是个爱学习的男孩，由于学习成绩在班里一直名列前茅，因此非常自负。

在家里，小军认为自己已经是个大人了，对于父母说的话越来越不放在心上。在学校里，小军也非常清高，不太愿意与成绩不好的同学一起玩，觉得跟他们在一起没什么意思。对于任课老师，小军也不太尊敬，他认为老师的水平不过如此，自己自学都能够学到很多知识。唯一令小军比较敬重的是他的班主任侯老师。侯老师是一位快退休的语文老师，对小军非常好，经常给小军介绍一些学习方法，讲一些名人故事。

有一次，小军在一篇交给侯老师的周记中表现出了自己看不起同学，他还提到了一次与数学老师发生的争执，原因是数学老师批评小军做作业不够仔细。

侯老师在小军的本子上是这样写的：

"有人批评你，并不是他看不起你，而是他希望你进步。因为，他不批评你，你不会怨恨他，他批评你，你则会怨恨他，而他却选择了批评你，原因就是他希望你进步。侯老师也是这么希望的。"

小军深受触动，后来，他果然慢慢改正了自负的毛病。

批评往往直指一个人的缺点，如果一个人能够接受批评，他就能够比较清楚地看到自己的缺点。对于孩子来说，他在评论自己时常会出现偏差，"不识庐山真面目，只缘身在此山中"，若能经常听取别人的意见或建议，就能不断充实和完善自己。

(4) 不要轻易地表扬孩子

在《卡尔·威特的教育》一书中，有这样一段文字：

有一次，哈雷的宗教事务委员赛思福博士对我说："你的儿子骄傲吧？"我说："不，我儿子一点也不骄傲。"这时他一口咬定说："这不可能，像这样的神童如果不骄傲，那你儿子就不是人。一定骄傲，骄傲这是很自然的。"

事后，我让他看看儿子。他们谈了很多话，一会儿他就完全了解我儿子了，并对我说："我实在佩服，你儿子一点儿也不骄傲。你是怎样教育他的呢？"我让儿子站起来，让他把我的教育方法讲给赛思福博士听。听后他服气了，说："的确，如果实行这样的教育，孩子就不可能骄傲，真是佩服。"

还有一次，有个地方的督学官到哥廷根的亲戚家串门。他在来哥廷根之前，就已经从报上和人们的传说中知道了我儿子的事。到了亲戚家后知道得就更详细了，因为他的亲戚与我们来往密切，非常了解我儿子的情况。他想考考我的儿子，为了得到这一机会，就拜托他的亲戚请我们父子去。

我接受了邀请，带着儿子去了。他向我提出要考考我儿子的要求。按照惯例，我也要求他答应我的条件，即不管考得怎样，绝不要表扬我儿子。据说他擅长数学，所以他提出主要想考考数学。我回答说："只要不表扬，考什么都没有关系。"商量妥当后，我就把特意打发出去的儿子叫进来，考试就开始了。他先从人情世故考起，然后进入学问领域。威特对每个问题的回答都使他感到十分满意。最后开始了他所擅长的数学考试。由于我儿子也擅长数学，所以越考越使他感到惊异。每一题我儿子都能用两三种解法去完成，也能按他的要求去解题。这样他就不由自主地赞扬威特了。我赶紧给他递眼色，他这才住了口。

由于他们二人都擅长数学，考着考着就进入了学问的深层，并最终走到督学官所不知的地方。这时，他不由自主地叫了起来："哎呀！真是超过了我的所学！"

我想这下坏了，立即给泼冷水："哪里，哪里，由于这半年儿子在学校里听数学课，所以还记得。"督学官还不死心，又对我儿子说："你再考虑这道题，这道题欧拉先生考虑了三天才好不容易做出来。如果你能做出来，那就更了不起了。"

听了这话我担心起来。我并不是怕儿子做不了那么难的题，而是担心儿子真的把那道题做了出来因此而骄傲。但我又不好说"请不要做那道题了"。因为他不太了解我们，怕引起他的误会，以为我害怕儿子做不出那道题才这样说的。我只好故作镇静地看着。那道题是一个农夫想把一块地分给三个儿子。分法是要把地分成三等份，而且每个部分要与整块地相似。他把问题说明后，就问我儿子有没有听说过，或者是在书上看到过这个题，儿子说没有。他说："那么给你时间，你做做看。"说完就拉着我的手退到房间的里面，对我说："你儿子再聪明，那道题也很难做出来，我是为让你儿子知道世界上还有这样的难题才出的。"

可是，督学官的话音刚落，就听儿子喊道："做出来了。""不可能。"督学官说着就走了过去。儿子向他解释说："三个部分是相等的，而且各个部分都与整块相似，对吗？"

这时督学官有些不高兴地说："你事先知道这道题吧。"儿子一听就感到很委屈，含着眼泪反复声明说："不知道，不知道。"

看到这种情形，我再也不能沉默了，担保说："因为儿子做的事，我全都清楚。这个问题的确是第一次遇到，更何况儿子是从不说谎的。"这时督学官说："那么你的儿子胜过欧拉这个大数学家了。"我掐了一下他的手，立即说："瞎鸟有时也能捡到豆，这也是偶然的。"督学官这才领会我的意图，点着头说："是的，是的。"然后就附耳小声对我说："哎呀！我真佩服你的教育方法。这样的教育，你儿子有再大的学问也不会骄傲。"儿子也很快同其他人高兴地谈起别的事，这一切也使督学官十分喜欢。

老威特非常了解孩子的心理，自己的孩子实在太优秀了，太优秀的孩子往往经不起表扬，表扬过多往往会导致孩子产生骄傲自满心理。因此，他在生活中有意识地避免表扬孩子。

父母应该注意表扬孩子本身没有错，但是，千万不要一味地表扬，而且，表扬孩子的时候要注重表扬孩子的某种行为，不要表扬孩子本身——这也是表扬的一个技巧。

2. 宽容别人，善待自己

现在的孩子，独生子女为多，在家中备受宠爱，导致很多孩子过分以自我为中心，不管发生什么事情，很多人首先想到的是自己，而不是别人。如果他人得罪了自己，孩子根本没有一点宽容之心，而是抓住他人的缺点不放，长期下去会对孩子的成长造成不良的影响。

我们先看一项调查报告。

北京某大学教育系与中国某知名的青少年研究中心，曾经对中小学生做了一次抽样问卷调查。其中，有一个问题是这样的："当你讨厌的同学需要你的帮助时，而且你能帮助他，你会帮他吗？"

表示愿意的小学生、初中生和高中生的比例分别是59.8%、41.7%和37%。由此可见，虽然不少孩子对于他人的主动求助表示愿意帮助，但是，从小学阶段到高中阶段这个比例是递减的。

在调查中，还有一个问题是这样的："对于过去欺负过你或严重伤害过你的人，你会怎么办？"对于这个问题，只有29.9%的学生表示会原谅他，有近24%的学生表示很难原谅或绝不原谅，其余的学生则表示，原谅但不忘记。

从中我们可以看出，能够主动宽容别人的孩子，实在太少了。

宽容是被我们所崇敬的一种品质。这种品质要从小时候抓起。

父母可以给孩子讲一个故事：

古时候，有一位德高望重的老禅师。有一天晚上，老禅师在院子里散步，发现墙角那边有一张椅子，他一看就知道有出家人越墙出去溜达了。

对于这种情况，老禅师没有产生惩罚弟子的想法，而是走到墙角把椅子移开，自己就地蹲在那里。

过了一会儿，果然有一个小和尚翻墙进来了，他顺墙而下的时候正好踩着老和尚的背跳进了院子。当小和尚落地后，看到自己踏的不是椅子而是老禅师时，吓得惊慌失措。谁知，老禅师并没有厉声责备他，只是平静地对他说："夜深天凉，快去多穿一件衣裳。"

事后，老禅师再也没有提起这件事，从那以后，却再也没有弟子越墙到外头闲逛。

正是老禅师的宽容，给了弟子改正的机会，使其从中反省自己的行为，从而帮助他改正了不良行为。他的弟子们更是学会了宽容他人。

作为父母，应该充分认识到宽容对于孩子来说是一种待人准则，一定要培养孩子学会宽容。

那么，怎样让孩子养成宽容的习惯呢？

(1) 学会宽容你的孩子

在生活中，你要有宽容的态度，不仅是对他人，尤其是对待孩子。你的宽容能让孩子效仿。印度民族英雄甘地在回忆自己的成长过程时说过："是父亲那崇高的宽容态度挽救了我。"

甘地出生在一个小藩王国的宰相之家，从小就爱撒娇，性格也不开朗。他对父母十分顺从，对周围的事物也特别敏感，自尊心很强，一旦被人奚落，马上就会哭鼻子。在学校一挨老师批评，就难过得受不了。

少年时期，由于好奇，他染上了烟瘾，后来发展到偷兄长和家里的钱买烟抽，而且越陷越深。渐渐地，他觉察到自己偷别人的钱、背着父母抽烟的行为太可耻了。一想起来，就觉得无脸见人，内心十分痛苦，甚至还想过自杀。

当他终于忍受不了痛苦的折磨时，便把自己的整个堕落过程写在了笔记本上，并鼓足勇气交给了父亲。甘地以为，父亲会狠狠地批评他，甚至惩罚他。但是，事实却出乎他意料。父亲看后，心情十分沉重。他不但没有责备甘地，反而流下了伤心的眼泪。甘地是个上进的孩子，他看到父亲痛心的样子，觉得自己太对不起父亲了，从此，他痛下决心，彻底改正了错误，走上了正道。

(2) 不要把世俗的毛病传染给孩子

父母最好不要在孩子面前议论其他小朋友的缺点，这样容易让孩子对其他小朋友过于挑剔。相反，父母要尽可能表扬其他小朋友的优点，让孩子明白每个人都是有优点的，不要使自己的孩子产生一种以自我为中心的思想，这非常不利于培养孩子养成宽容的习惯。

父母尤其不要对某些人和事有偏见，更不要把这些偏见在孩子面前表露出来，因为这会让孩子在潜意识里也受到这种偏见的影响，而对这些人和事有偏激的看法。

当孩子的小伙伴来自己家里时，父母对其他小朋友的态度不要过分冷落，也不要过分热情，尤其要教育孩子尊重小伙伴，让孩子平等地与人交往。

(3) 教孩子换个角度看问题

不管什么时候，父母都可以教孩子学会从别人的角度来看待问题，让孩子把自己置于别人的位置，设身处地地站在别人的角度来思考问题。

陶行知先生在育才学校当校长时，曾经发生过这样一件事情：

一天，陶行知在校园里看到学生王友用泥巴砸自己班上的男同学，陶行知立即制止了他，并让他放学后到校长室去。

放学后，王友早早地来到校长室门口准备挨训。这时，陶行知走过来了。他一看到王友，就掏出一块糖果递给他，说："这是奖给你的，因为你按时来了，而我却迟到了。"

王友惊愕地接过糖果，目不转睛地看着陶行知。这时，陶行知又掏出一颗糖果递给王友，说："这块糖果也是奖给你的，因为当我不让你再打人的时候，你立即就住手了，这说明你很尊重我，我应该奖励你。"

王友更惊愕了，他不知道校长到底想干什么。

这时，陶行知又掏出一块糖果放到王友的手里说："我已经调查过了，你用泥块砸那些男生，是因为他们不守游戏规则，欺负女生。你砸他们证明你很正直善良，并且有跟坏人做斗争的勇气，应该奖励。"

王友听了非常感动，他失声叫了起来："校长，你打我吧，我砸的不是坏人，而是自己的同学呀！"

陶行知满意地笑了，又掏出一块糖果递给王友，说："你能正确地认识错误，这块糖果值得奖励给你。现在我已经没有糖果了，你也可以回去了。"

陶行知的教育让王友明白了，不管在什么时候，都要换个角度想想问题。可见，父母应该教育孩子经常问自己："要是我处在这种情况下，我会怎么想呢？又会怎么做呢？""我现在应该为他做点什么，他的心里会感觉好受一些呢？"这样，孩子往往会看到问题的另一面，慢慢养成宽容的品格。

在日常生活中，父母要鼓励孩子参与多元化的活动。无论孩子年纪多么小，都鼓励他接触不同种族、宗教、文化、性别、能力和信仰的人，这有利于孩子与不同的人坦诚相待、遵从规则、平等竞争。

(4) 教孩子善待他人

有一个孩子，不知道回声是怎么回事。有一次，他独自站在旷野，大声叫道："喂！喂！"附近小山立即反射出他的回声："喂！喂！"他又叫："你是谁？"回声答道："你是谁？"他又尖声大叫："你是笨蛋！"立刻又从山上传来"你是笨蛋"的回答声。孩子十分愤怒，向小山骂起来，然而，小山仍旧毫不客气地回敬他。

孩子气冲冲地回家对母亲诉说，母亲对他说："孩子呀，那是你做得不对。如果你恭恭敬敬地对它说话，它就会和和气气地对待你。"孩子说："那我明天再去那里说些好话。""应该这样，"他的母亲说，"在生活中，不论男女老幼，你对人好，人便对你好；如果我们自己粗鲁，是绝不会得到人家的友善相待的。"

这位聪明的母亲恰到好处地教会了孩子应怎样待人。宽容是一种美德，在生活中，即使别人错了，无礼了，你若能容忍他人，宽容他人，同样能获得信任和支持，同样能得到别人的友善相待。

在教孩子善待他人的时候，父母可以通过角色互换的方法让孩子摆脱以自我为中心的不良想法，学会心中有他人，宽容他人。父母应该教孩子对其他小朋友多一点忍让、多一点关心，这样遇事别人也会宽容他、体谅他、为他着想。事实上，只要孩子学会了宽容，他就会赢得朋友，就会真正体会生活的快乐。

3. 教会孩子为人正直

在中国的历史上，拥有正直性格的人有很多，其中有刚正不阿的包青天、耿直忠义的张飞等，他们都是我国仁人义士极力推崇的人物，更是孩子从小到大学习的对象。在孩子与朋友交往的过程中，需要培养孩子耿直的性格，争取让孩子成为一个敢说敢做的人。

一个拥有正直性格的孩子，在朋友处于迷茫的状态时，能够不计较个人得失仗义执言。朋友对每个人来说都是很重要的，朋友间的交往是每一个人的内在需求，但是选择什么样的朋友，却蕴含着很大的学问。我们常常说"物以类聚，人以群分"，意思是一个人的品行决定了他的交往圈子。让孩子与为人耿直的朋友交往，是每一个妈妈的希望。

为人耿直讲义气的孩子，对人也很忠诚正直，所以很容易就能够赢得他人的信赖和喜欢。他们的性格优点表现在以下方面：

(1) 忠诚正义，直来直去

性格耿直的孩子对朋友真诚，面对外界恶势力表现出刚正不阿的个性。正是由于耿直正义的性格，才决定了他们能始终如一地坚持自己的立场和观点，由此也显现出了人性的美好。虽然耿直型性格的孩子不太善于交际，但与他们相处并非难事，他们有正义感，是在困难时刻可以信任的朋友。

(2) 心胸宽广，感情丰富

性格耿直的孩子大都胸怀坦荡，性情质朴敦厚，没有心机，并且还有无私的优点。当然，这种性格的孩子一般情感都比较强烈，感情也比较丰富，所以，行为方式总是带有浓厚的情绪色彩。多数情况下，这种类型的孩子富有冒险精神，反应灵敏。因此，具有这种性格的孩子是很讨人喜欢的，由于他们的感情丰富，处事人情味浓，常给长辈和同学朋友留下很友好的深刻印象。

据史料记载，刘伯温性格耿直，不肯奴颜婢膝，屡次犯上直谏，终造成朱元璋不满，在封赏的时候只得到低等爵位，后其在急流勇退之后又被佞臣胡惟庸毒害。可惜一代英才，因为性格正直而得罪佞臣，落得丢官身死的悲剧下场。

为人耿直的性格是一种比较可爱的性格，当人们与这种性格的人交往的时候不必过分小心翼翼，这种类型的人比较容易交心，同时对人也会很负责。所以，有个这种性格的孩子，父母就不用担心孩子和他人的交往问题，因为这种性格的孩子对自己、对他人都会很负责，也会同师长、同学很好地相处。这种类型的孩子在帮助别人改正错误的同时，自己也会虚心地接受别人的批评和指正。可以这么说，孩子拥有了耿直型的性格，就等于拥有了最大的精神财富和物质财富。

有这么一个事例：

一天晚上，豆豆和爸爸妈妈一起出去吃饭，回来的时候已经很晚了，连妈妈都已经困得睁不开眼睛。但幼儿园的作业要求孩子感受春天的花园里有些什么，然后都用图画记录下来。妈妈劝了豆豆半天，豆豆才勉强同意让爸爸帮忙把他想的东西画下来，最后还很不高兴地睡觉了。

第二天豆豆带着作业去幼儿园，一见面就跟老师"交代"作业的事情，说得结结巴巴的，但是很坚定。下午老师表扬作业做得好的小朋友，要给豆豆发个奖牌，但是豆豆断然拒绝，说什么也不肯要。最后老师没办法，只好发了张贴画代替。爸爸妈妈知道这件事情后，都说："我们家豆豆为人太耿直了。"

耿直的性格特点虽然是孩子的财富，但是有时候也会成为劣势或成为招来祸害的根源。在孩子还小的时候，对于成年人每天面对的虚假情意来说，孩子性格的耿直和快人快语也许是一种调味品。但是，当孩子长大成人以后，这种耿直和快人快语的个性也可能会成为得罪对方的祸根。因为这种性格的人无论与什么级别的领导交往都忘不了提意见，提意见的方式也总是直来直去。如果他遇见的是一位比较有涵养的领导，对方也就不会在意和追究；假如遇见心胸狭窄的领导注定他要倒霉。

因此，父母应该指导孩子，在与人交往或做事情的时候不要随着自己的性子来，应该讲究一些策略和艺术。虽然原则性问题要坚持，但是在某些小事上不妨装点糊涂，尤其是在处理人际关系时，既要对人真诚，又要保持灵活的态度，这样人生中会少一些磕磕绊绊。

4.教导孩子和蔼可亲

在现实生活中，孩子也需要广交朋友，这既是内心情感的需要，也是获取各种知识的有效途径。为此，父母应该培养孩子和蔼可亲的性格，只有当孩子放下架子的时候，才能拉近双方的距离，增进彼此的了解。

孩子从"我"的意识到"你""他"，是思维发展的一个飞跃，从满足自己的需求到学会关心别人，则是道德意识的升华。从小在孩子心灵中播下关心他人、和蔼可亲的种子，是发展孩子的健康心理、培养其开朗、宽厚、善良性格的重要基础。

一个和蔼可亲的孩子，必然懂得如何帮助他人。比如父母下班回来，孩子主动问好，备茶递水。大人休息时，孩子动作很轻，生怕影响他人的休息。随着孩子年龄的增长，他们开始帮助自己周围的人。比如邻居老人需要送信，和蔼可亲的孩子会主动帮忙；在公共汽车上，孩子会将座位让给需要帮助的人；当同学或朋友生病时，孩子会主动探望……孩子在帮助别人的过程中，既丰富了自己的感情，也认识到了自我价值。

有一位妈妈是这样培养孩子和蔼可亲的性格的：

我有两个孩子，一个7岁、一个5岁，为了培养孩子和蔼可亲的性格，让孩子懂得和不幸的人分享，我在厨房里放了一个大篮子来提醒他们。我们在里面放满容易保存的各种食物，然后捐献给镇上的紧急救助中心。每次我和孩子们去购物，我们都会额外买些东西放进篮子里，等篮子装满的时候，我就和孩子们把一篮子的食物送到紧急救助中心。然后，我们再重新开始为篮子里添食物。

我们的邻居是一位上了年纪的老人，由于行动不便，老人很少外出活动。几年以前，我就开始让我的两个孩子帮助老人。在下雪的早晨，两个小家伙会早起帮老人把路面的积雪铲掉。我向孩子们解释这样做是帮助我们的邻居，如果老人给他们钱不要拿。孩子们为他们能照顾邻居很自豪，而且他们懂得了，帮助别人仅仅是因为帮助本身，这是件愉快的事。

现在孩子们长大些了，他们和社区里的小朋友相互很融洽，在学校里也很受老师和同学的喜欢，这和他们待人友善、平易近人的性格有着很大的关系。

事实表明，职位和地位越高的人能够放下架子，表现出和蔼可亲的一面，就越能增加他人的好感，从而可以加深彼此交流的机会，发展友谊关系；一个职位越高、成就越大的人，在与朋友交往的过程中越注意放下架子开展工作，就越容易赢得对方的尊敬和信任。因此，在孩子交朋友的过程中，无论自己的家境如何、学习成绩如何，只有放下架子平易近人，才能打破心灵障碍，获得积极的沟通效果。孩子在与朋友交往的时候，总是能够和蔼可亲、为人淳朴，那么就容易和对方建立真诚的沟通。

培养孩子和蔼可亲的性格，对孩子高尚情操的培养、健全人格的形成有着不可估量的影响。那么，父母应该如何培养孩子和蔼可亲的性格呢？

（1）让孩子形成良好的礼貌习惯

父母应该让孩子知道，一个人在与人接触的时候，别人不可能很快了解你的人品与学识、能力如何，然而却能够从你待人接物是否诚恳、有礼貌上看出来。如果孩子没有形成良好的礼貌习惯，会直接并且严重地影响到他将来的社会生活以及个人事业的发展。

（2）培养孩子美好的情感

要培养孩子和蔼可亲的性格，就要培养孩子爱他人。通过具体活动，使孩子关心和热爱自己的父母、周围的成人和小朋友，对别人有同情心。现在，有的孩子接受了父母和周围人们过多的爱，而缺少爱人之心。这是一种危险的倾向，发展下去就会形成"自我中心"性格，自私、任性，甚至发展成为粗暴的行为。其实，爱不应该是单向的，而应该是双向的。

（3）教育孩子以友善的心态交友

和朋友发展友谊有各种目的，但是友善对待他人是首要的一点，只有从这一原则出发，父母才能培养出孩子和蔼可亲的性格。

5. 引领孩子坚持正义

古罗马哲学家西塞罗说："正义即道德。"这个世界需要正义，我们的生活呼唤正义。可是，当你自己的孩子面对假丑恶时，你还鼓励他坚持正义吗？

手术室里，刚来实习的责任护士露西，正在进行第一次实战"表演"。当外科大夫准备缝合病人的伤口时，露西认真地提醒道："大夫，你只取出了十块纱布，而我们用的是十一块。"外科大夫肯定地表态："我已经都取出来了。"露西有些怒气了："不，我们用了十一块。"当大夫表示自己承担一切责任时，露西简直喊起来："我们要为病人负责！"听到这里，外科大夫终于拿出掩藏起来的第十一块纱布，赞赏地说："你是合格的护士。"坚持正义的露西赢得了外科大夫的青睐，成为他得力的助手和配合默契的好朋友，还获得了医院的表彰。

"正义"是一种基本的人道精神，可以视为我们的道德底线。一个人可能没有高尚的道德和情操，可能不会成为最前沿的时代楷模；但是他一定要具备最基本的正义感和基本价值判断标准。所以，培养孩子坚持正义的性格，是孩子立身处世的根基。因为一个缺乏或没有正义感的人，其道德修养就不会有多么深，很容易给人一种不安全的感觉。

有这样一个事例：

6岁的茜茜一回家就迫不及待地告诉妈妈，在他们班级里，有一个小女孩为了在光荣榜上取得好的名次，私自制造了一些本来由老师奖励的"笑脸"。

"她这样做就是不对嘛，我今天告诉老师了！"茜茜正气凛然地说。

还有一次，茜茜去坐公交车，发现车上有个阿姨正在嗑瓜子，而且直接把瓜子壳扔在了车厢里。充满了正义感的茜茜毫不犹豫地走上前说："阿姨，您这样做是不对的，不能把瓜子壳扔在车厢里，这样不卫生。"

这个阿姨在众人面前羞愧难当，认识到了自己的错误，对茜茜说："阿姨知道这样不对，以后会注意的。"茜茜学老师的样子笑着说："没关系的，能够承认错误的都是好孩子。"引得车内的人忍俊不禁。

一个坚持正义的孩子一定是正直、善良、勇敢并且充满了爱心的。他们往往坚持原则、严格要求自己，是具有良知的好伙伴。而这种品格会增加一个人的美誉度，使他们具有吸引人的魅力。因此，培养孩子的正义感，就已经使孩子在为人处世方面跨出了重要的一步。

培养一个坚持正义的孩子，也许和培养一个体育、学业或美术好的孩子没什么不同，道理是一样的。而问题是社会在倡导运动员、学者和艺术家的价值。给运动员奖品、给学者奖项、给艺术家礼赞；学校提供学者课堂、课后有艺术家俱乐部、有舞蹈课，还有教练用来培养运动员，但是很少倡导公平正义教育。所以，作为父母应该带头培养孩子坚持正义的性格，并且自己去努力实现这一目标。

在培养孩子坚持正义的过程中，应该考虑以下几个方面：

(1) 以身作则

在日常生活中，可以通过不同的事件同孩子分享看法和观念，同时也要以身作则，起好示范作用，让孩子在潜移默化中学习，认识人世间的真、善、美。社会变得复杂，正义感不能再仅仅是匹夫之勇，教会孩子善于利用周边的资源，比如求助老师、父母来解决问题，这样不但能维护孩子的正义感，也能教会孩子如何保护好自己。

(2) 纠正孩子的不良行为

正义与谬误只有一步之遥，要多了解孩子，孩子有了错误行动之后，父母要明白孩子隐藏的动机是什么。只有对症下药、循循善诱，让孩子心服口服之后，才能使他纠正不良行为，树立正确的观念。

(3) 提高孩子的思想水平

可以引导孩子多接触一些培养道德情操方面的优秀文艺作品，并且联系身边的真实事例，跟孩子一起讨论书中人物的表现。让孩子逐步懂得，诚实正直是中华民族的传统美德，要求孩子从小做一个有正义感的人。

6. 教育孩子热情待友

孩子用热情结识朋友，这是孩子间建立友谊关系的基础。因此，想要孩子广泛拓展自己的朋友圈子，在学校和生活中结识不同的新伙伴，父母就必须培养孩子热情待友的品格。

在中国的武侠小说中，真正的侠客不但耿直、豪爽，更以热情对待朋友，这反映了人们对交友的美好期待。然而，现在孩子热情的越来越少，冷漠的越来越多。当别的小朋友不小心摔倒在地上时，孩子不但不关心，还站在一边哈哈大笑；当妈妈生病躺在床上时，孩子却在抱怨家长没有带自己出去玩……种种冷漠让人心寒。很多家长都发出了这样的疑问：为什么现在的孩子缺少热情待友的品格呢？

艾伦曾经是美国一家公司的普通职员，他失业之后，加入了寿险公司，想通过做推销碰碰运气。但是艾伦的状态一直很低迷，因此一直以来，一个客户也没拉到。8个月以后，他的业绩仍没有一点起色，甚至生活开始拮据。正当艾伦准备换工作，在翻看招聘广告的时候，无意中看到了戴尔·卡耐基先生成功学讲座的海报。

当时戴尔·卡耐基在美国已经十分有名，改变了很多人。于是艾伦就决定去听一次试试。

但是没有想到的是，戴尔·卡耐基先生在讲课的时候，随手一指，就点到了他，让他站起来当场发言，当时场下的观众不少于万人。艾伦被吓得一句话也说不出来了。最后结结巴巴地说了两句，很多人哄笑起来。但是戴尔·卡耐基摇摇头，然后大声地对他说："等一下，先生，拿出你的生机。年轻人，你这样讲话是没有人爱听的，拿出你生命的热情！没有热情，你能够打动谁？"

接着戴尔·卡耐基先生就此大谈"热情"的话题。讲到激动处，他挥手将一本书摔在了地上，演讲也戛然而止。这堂课给艾伦留下了深刻的印象，戴尔·卡耐基先生的声音洪亮，感情饱满，目光坚定，余音绕梁，荡气回肠。他迅速点燃了艾伦的激情。"没有热情，能够打动谁？"从此成了艾伦的座右铭，于是他决定改变自己的命运，从那以后，他每次上班都是精神饱满，信心十足，没有任何畏惧。用热情打动着每一个客户。很快他在工作上有了起色，生活也从此发生了改变：他感受到奋斗的乐趣，第一次体会到"做自己主人"的美好感觉：没有热情，能够打动谁！

这个推销员之所以能打动客户的心，就在于洋溢的"热情"。同样，一个人若想打动另一个人，热情也是必不可少的。

一个人最让人无法抗拒的魅力就在于他的热情。一个人是否热情，决定了人们是否喜欢他、亲近他、接受他。热情感染着人们的情绪，带给人们美妙的心境，让人们感到愉快和兴奋。热情能带来幸运，因为人们都喜欢和热情的人在一起。

微笑、掌声、鲜花都是热情的代名词，当孩子以此表达内心的真挚情感时，就是在传递热情的符号和温暖的情谊，演奏一曲生活交响乐。培养孩子热情待友的性格，才能在与他人发展友谊关系时，带着自己的热情出发、展示自己的热情节拍。

小鹏是一个开朗、热情的小男孩。在班里有许多好朋友，他也很喜欢结交朋友。一下课，小鹏就会组织大家玩跳棋、讲故事，他周围总是围着一群男孩子。小鹏很喜欢帮助同学，谁忘记带东西，他总会第一个抢着把东西借给别人。班里的事情他也很上心，主动为大家打扫卫生，帮老师收发书本。课后，小鹏喜欢找老师来聊天。在老师眼中他是个关心集体、充满热情的好孩子，老师还经常夸奖他。

如果希望自己的孩子也像小鹏一样热情待友，首先，就要注意观察孩子日常的表现，对孩子无意识的乐意帮助别人和热情待人的细小事情，随时进行肯定和表扬，使他从无意识过渡到有意识，不断加以强化和巩固。例如，当孩子看到同伴的鞋带散了，就会急忙奔过去，帮同伴系好；看见行人掉了东西，立即拾起来交还给失主。对这些行为要及时表扬。

其次，还应该保证孩子有良好的生活环境，有合理的、规律的作息制度，引导他去做一些力所能及的活动，鼓励他参加各种集体活动，乐于和别的孩子交往。只要孩子经常处于积极的情绪状态之中，他就会逐渐形成热情、进取的个性。

最后，应该鼓励孩子将对朋友的关心和真挚情感表达出来。在孩子眼里，朋友是出色、迷人和富有魅力的，这是一种由衷的感激和称赞。当孩子大胆把这种情感表达出来时，本身就会带给孩子热情的体验。

第七章

行 为 习 惯

——就算吃酱油拌饭，也要铺上餐巾

就算吃酱油拌饭，也要铺上干净的餐巾，优雅地坐着。
有好习惯，才有好的未来。

1. 父母是习惯的老师

日本教育家福泽谕吉说："家庭是习惯的学校，父母是习惯的老师。"事实正是如此，孩子习惯的养成主要在家里，父母应该注重在生活中培养孩子的各种良好习惯。

陶行知认为，各种知识和技能的学习最好在生活中进行，习惯培养更应该如此。他认为：生活教育是生活所原有，生活所需自营，生活所必需的教育。教育的根本意义是生活之变化，生活无时不变，即生活无时不含有教育的意义。因此，我们说"生活即教育"，到处是生活，即到处是教育；整个社会是生活的场所，亦即教育之场所。生活教育与生俱来，与生同去。出世便是破蒙，进棺材才算毕业。随手抓来，都是活书，都是学问，都是本领。自有人类以来，社会即是学校，生活即是教育。

德国哲学家康德从小就在父亲的教育下养成了严谨的生活习惯。据说，他每天散步要经过镇上的喷泉，而每次他经过喷泉的时候，时间肯定指向上午七点。这种有条不紊的作风正是哲学家严密思维的根源。可见，良好的生活习惯对于一个人的成功起着积极的作用。

家庭是孩子成长的第一环境，是孩子习惯形成的摇篮，6岁前的儿童主要生活在家庭中，家庭生活对孩子的影响是非常重要的。

有一个小朋友叫阳阳，由于父母工作繁忙，阳阳从小就跟随爷爷奶奶生活，爷爷奶奶对阳阳非常宠爱，无微不至地照顾他。阳阳上幼儿园时，他还不会独自上厕所，不会自己吃饭，不会自己睡觉……阳阳在生活中根本就没有养成良好的自理习惯。这时候，阳阳的父母才意识到问题的严重性，赶紧把阳阳接到家中，对阳阳进行生活习惯的训练。

由此可见，生活即教育，父母应该积极为儿童创造适宜的家庭环境，同时，父母应当经常在行为、举止和谈吐等方面给儿童一个最好的榜样，讲话时要注意礼貌、举止要文雅。如果能够经常这样以身作则，这种长期熏陶能使儿童在潜移默化中得到最佳的教养，日积月累，儿童的良好习惯就会在不知不觉中形成。

在实践中养成习惯，要不断身体力行，使习惯成自然。陶行知的生活教育理论非常重视在做中学。因此，他主张在做中养成习惯，即在实践中养成习惯。他在《教育的新生》一文中写道，我们所提出的是：行是知之始，知是行之成。行动是老子，知识是儿子，创造是孙子。有行动之勇敢，才有真知的收获。

叶圣陶也认为，要养成某种好习惯，要随时随地加以注意，身体力行，才能"习惯成自然"，收到好的效果。

什么是"习惯成自然"呢？

叶圣陶是这样解释的，成自然就是不必故意费什么心，仿佛本来就是那样的意思。他举例道：走路和说话是我们最需要的两种基本能力。这两种能力的形成是因为我们从小就习惯了，"成自然"了；无论哪一种能力，要达到习惯成自然的地步，才算我们有了那种能力。如果不达到习惯成自然的程度，只是勉勉强强地做一做，就说明我们还不具有那种能力。

他还说，通常说某人能力不强，就是说某人没有养成多少习惯的意思。比如说张三记忆力不强，就是张三没有养成把看见的、听见的一些事物好好记住的习惯；说李四表达能力不好，就是说李四没有养成把自己的思想和感情说出来的习惯。因此，习惯养成得越多，人的能力就越强。做人做事，需要种种能力，所以最要紧的是养成种种习惯。

良好的学习习惯形成的过程，是严格训练、反复强化的过程。

现代控制论创始人、美国著名数学家维纳，在回忆父亲对他早期学习习惯的严格训练时说："代数对我来说没有什么困难，可父亲的教学方法，使我精神不得安宁，每个错误都必须纠正。他对我无意中犯的错误，第一次是警告，是一声尖锐而响亮的'什么'，如果我不马上纠正，他会严厉地训斥我一顿，令我'再做一遍'。我曾遇到不止一个能干的人，可是他们到后来一事无成。因为这些人学习松懈，得不到严格纪律的约束。我从父亲那里得到的正是这种严厉的纪律训练。"

父亲严格的训练，终于使维纳养成了良好的学习习惯，最终成为誉满世界的科学巨人。

2. 耐心纠正孩子的拖延症

做事磨磨蹭蹭，往往会让人一无所获，并且浪费掉许多宝贵的时间。

拖延是指不能按照自己或他人的意愿、计划等按时完成任务的一种消极状态。拖延的人总是会找很多借口与托词来掩饰自己没有达到目标的原因，别人往往也会因此原谅他们的拖延。于是，拖延就很容易形成习惯。而拖延一旦成为一种恶习，会侵蚀人的意志和心灵，使人丧失进取心，将应该做的事情一拖再拖，最后以失败或者不了了之告终。

拖延的恶习，并不是天生就有，而是在后天的环境中逐渐形成。生活中，许多父母都有着这样的苦恼：孩子动作太慢，做事情磨磨蹭蹭，浪费宝贵的时间，降低了做事的效率，尤其是穿衣服和吃饭等方面，显得极为磨蹭，让大人非常头疼。这些行为一旦形成习惯，不单会影响孩子学习的积极性，还会成为孩子成长的绊脚石。

早上六点钟，妈妈叫超超起床，到了六点二十分，超超才只穿好一件上衣，而妈妈已经准备好了早餐。为了避免超超上学迟到，妈妈赶快走到他的床前，帮他快速地穿好衣服，然后挤好牙膏，倒上洗脸水，让他刷牙洗脸。

六点四十分，开始吃饭了，超超拿着一块面包，咬一口后看见了旁边的玩具，就离开饭桌拿着玩具玩了起来，妈妈急忙把他拉到桌边吃饭，但一块面包超超整整吃了十五分钟。妈妈眼看着超超要迟到了，就只好把早餐奶放进他的书包里，急忙去送他上学，而此时，刚好敲响了上课的铃声。

孩子处处磨蹭的习惯实在让超超的妈妈感到很累，她担心孩子长大后做事情还会磨蹭，以后跟不上时代的步伐。

的确，磨蹭、拖延对孩子的危害很大，它会消磨孩子的意志和进取心，让孩子变得懒惰、颓废、得过且过，这样就容易导致失败，而这个失败的结果又会使孩子情绪消极，从而更加不想立即行动。在这样的恶性循环中，成功也会远离孩子。

孩子做事磨蹭，多源于家庭教育环境的影响和良好教育方式的缺失。对于做事磨蹭的孩子，不少家长总是心急如焚，一味地批评甚至打骂孩子，这绝对不是好方法。孩子的慢性子并不是天生的，所以我们一定要对症下药，用耐心和爱心帮助孩子逐步改正，不要操之过急，要注意总结方式方法，不断提高孩子做事的速度，进而帮孩子改掉拖沓的坏习惯。

几乎所有的家长都被孩子拖拉、磨蹭等行为习惯折磨着，很多家长都想要改变孩子的这个问题，但是就像超超妈妈那样，总是觉得无处入手，实际上，只要家长付出足够的耐心，培养孩子的时间观念，那么慢慢地孩子就会改掉拖沓的坏毛病。

事实上有很多家长的认识存在一个误区，就是随着孩子的成长，他们会自然具备时间观念。其实不然，只是知道时间的概念并不等于有了时间观念。怎样支配、掌握时间这方面，家长需要教导孩子，当孩子学会如何把握时间之后，才算是真正有了时间观念，才会懂得珍惜时间、合理利用时间。

每个人的生命都是由时间搭建起来的，没有多余的时间让人浪费，所以时间观念的培养最好趁早。孩子越早学会珍惜时间，懂得合理利用时间，他们的进步越大，越容易领先一步。每个家长都希望自己的孩子赢在起跑线上，那么就应该马上行动了。

(1) 让孩子正确地认识时间，提高效率

对于喜欢玩闹的孩子来说，他们根本就不懂什么是时间。在他们眼中，快乐的时光是短暂的。家长可以利用这点来教育孩子，让孩子知道，做事情的时候时间在流逝，不管是玩还是学习，或者是做其他的事情。要对时间有一个客观而真实的认识，这也是教会孩子珍惜时间、合理利用时间的前提和基础。

白霞是一个容易走神的女生。无论是吃饭还是写作业，总是不专心，不知道她天天都在想些什么。对此，她妈妈说了她很多次，可就是没有效果。后来她妈妈发现，白霞学习的时候总看表，原来她等着磨蹭完学习的时间看动画片呢！了解了这点之后，白霞的妈妈给白霞定了个规矩，如果专心写作业，写完以后她的时间是自由的。这样一来白霞写作业的时候专心了，效率也非常高。渐渐地她走神的毛病改掉了，也懂得珍惜时间了。

孩子通常都会觉得学习的时间很漫长，尤其是家长给他定了学习时间的时候。家长不妨从另一方面入手，规定任务量，而不是学习的时间，让孩子早完成早休息，这样孩子自然就懂得抓紧时间，在这个过程当中，孩子会慢慢体会到专心的好处，也会加强对时间的关注。时间久了，珍惜时间就会成为孩子的习惯，他也会在这个过程当中逐渐学会合理利用时间。

(2) 至少让孩子误一次事

孩子不懂得珍惜时间有一部分原因在于父母，因为家长为孩子安排好了一切，孩子根本不需要自己动脑筋去安排，在他的心里一定会这样想：我慢一点也没关系，爸爸妈妈一定知道我磨蹭，会给我留出充足的时间来。如果时间快来不及，他们会提醒我。

家长应该打破常规，改掉孩子的这种惯性思维，让他自己承担误时的后果，这样第二次他就会牢牢记住，渐渐学习自己管理时间了。

(3) 自己要先做个守时的父母

如果家长做事拖拖拉拉，孩子很难当机立断。因此，家长要先拿出一个干练的样子来，做一个表率。榜样的力量无穷大，在家长的影响之下，孩子无形当中就会意识到要珍惜时间，从而学会安排时间。

家长除了平时要懂得守时之外，也可以和孩子一起制订计划，共同安排时间，这样孩子就会通过实践学会安排时间，懂得怎样分配时间更合理。当孩子做事提前安排成为一种习惯之后，那么家长就不用担心孩子做事拖沓、没有时间观念了。

(4) 偶尔用点计时器

时间对于孩子来说有些抽象，他们不懂得时间的重要性，家长可以适当地运用一些计时器让孩子意识到时间的存在。比如孩子做事的时候给孩子限定时间，然后用闹钟、沙漏等工具计时。这样孩子会感到紧迫，懂得珍惜时间了，而且在这个过程当中孩子也会逐渐正确地认识时间。

3. 让孩子自觉遵守公共秩序

社会公共秩序是指人们在社会公共生活中为维护公共事业和集体利益而必须共同遵守的原则。遵守公共秩序是指遵守社会治安秩序、公共交通秩序、商品市场秩序、文化体育娱乐场所秩序、公共卫生秩序以及居住环境秩序等。每个人在这些公共场所都要自觉地做到有礼貌、讲文明、守规则。这是一个公民文明素养的表现。

遵守公共秩序，是衡量一个人精神道德风貌和文明素养的重要指标。在公共场所自觉约束自己、方便他人、维护秩序，是做人的起码道德；相反，则表明缺乏道德修养。所以，作为公民，每个人都有遵守社会公共秩序的义务。

一位北京的学者在日本经历了一次堵车，让这位学者终生难忘。虽然北京的堵车之严重已经让人"触目惊心"了，但见到日本那次堵车的情形，这位学者还是震惊了：从伊豆半岛到东京的路上，几万辆车一辆挨一辆排了一百多千米。那场景给人的感觉就是两个字：震撼！

那个时间段，几乎所有的车都是回东京的，在道路右侧堵成一条长龙。左侧空出一条"无车道"，谁要是开到左侧，可以一溜烟儿直奔东京。可在漫长的等待中，就是没有一辆车插到空荡荡的"无车道"超行，一百多千米的塞车路上，不见一名交通警察维持秩序。

在近十个小时的时间里，车流一步一步地挪，一尺一尺地挪，静悄悄，不闻一声鸣笛。"他们自己竟把这绵延一百多千米的车龙化解了！如此坚忍、守秩序、万众一心的民族，真是可敬又可怕!"

遵守公共秩序是社会文明的标志，体现了一个地方的管理水平和文明程度。尊重和遵守规则是一种教养、一种风度、一种文化、一种现代人必需的品格。如果你要想与他人一起和谐地生活，每个社会成员都要遵守一定的秩序。

规则秩序有两种不同的形式：一是没有明文规定，只是人们在长期的公共生活中形成的道德经验与行为习惯，一些约定俗成、共同认可和遵守的行为规范，如乘车按顺序排队，在公共场合不大声喧哗，不破坏、污染环境等；二是有明文规定的，这就是社会公共生活中的公约、规则、规章、纪律，如交通规则、公园游人须知、学校学生守则等，它通常带有一定的强制性，有的甚至与法律法规有所衔接。

一般谈论公共秩序的问题，主要以成年人为对象。但我们每个人都知道公共秩序是靠大家一起自觉维护的，孩子也是社会的一分子，出现在公共空间的机会很多，所以，家长有责任从小培养孩子遵守公共秩序的好习惯。

(1) 在各种活动中了解公共秩序

对于孩子来说，他们年龄尚小，并不清楚什么是公共秩序，也不明白为什么要遵守这些秩序，更不懂得该如何遵守公共秩序。与其对孩子进行生硬地说教，不如通过各种形式，引导孩子了解并掌握参加公共活动的礼仪，让孩子明白这些秩序和规则。比如：衣着整洁，顺序入场；进场后不能打闹喧哗、乱丢废弃物；在活动进行中，要坐（站）在指定位置，不能随意走动、大声说话以及肆无忌惮地吃零食；

鼓掌感谢工作人员（或表演者）的劳动；按顺序退场等。带领孩子参加活动时，要严格要求、引导他从一点一滴做起，逐步养成讲礼仪的习惯。同时还要认识到，这种习惯的养成，不是一朝一夕的事，要放平心态，大胆地带孩子到真实的场景中去体验和学习，绝不能因为孩子出了点问题就禁止他参加公共活动。除了讲解、示范和严格要求、耐心引导以外，还可以创编或收集一些有关的故事、歌谣，辅导孩子诵读，使他通过具体形象感受和体验公共场所的规范和要求。也可以让孩子在角色游戏中练习参加公共活动的行为方式。

（2）以身作则，言传身教

我们每个人都知道公共秩序是靠大家自觉维护的，只要有一个人缺乏自觉性，就会影响到公共秩序的维护，影响到大家的合法权益。所以家长要以身作则，用自己的言行为孩子做出榜样，教育孩子为他人着想，从自己做起，自觉遵守公共秩序。

有这样一个感人的故事：

晚上9时，医院外科3号病房里新来了一位小病人。小病人是个四五岁的女孩。女孩的胫骨、腓骨骨折，留下来陪着她的是她的母亲。

孩子的小脸煞白，那位母亲一直用自己的大手握住孩子的小手，半跪在孩子的身边，眼睛一眨也不眨地盯着孩子的脸。

"妈妈，给我包扎的叔叔说过几天就好了，是不是？"

"是的。"母亲的脸上挂着慈爱的笑，好像很轻松似的。

"妈妈，那要过几天？"孩子的声音很小。

"用不了几天，孩子。"

孩子没有说话，闭上眼睛，眼泪流了出来。

过了一会儿，孩子说："妈妈，我疼！"

母亲把自己的脸贴在孩子的小脸上，用自己的脸擦干孩子的泪水。当她抬起头的时候脸上依然挂着那种轻松慈爱的微笑："妈妈给你讲故事好吗？"孩子点点头，眼泪还是不停地流下来。

母亲讲的故事很简单：大森林里的动物都来给大象过生日。它们各自送给了大象珍贵的礼物，只有贫穷的小山羊羞怯地讲了一个笑话给大象，大象却说，小山羊给大家带来了欢乐，它的礼物是最值得珍惜的。

不知道母亲为什么选了这样一个故事。孩子的眼睛亮起来，她一边用手抹眼泪，一边用快活的声音说："妈妈，它们有蛋糕吗？我过生日的时候你是不是给我买最大的蛋糕？"

"当然要买蛋糕，等你好了，出院的时候我们一起去买蛋糕。"母亲的声音那样轻快，孩子也笑了。

"妈妈，再讲一遍。"于是，母亲就一遍一遍往下讲，她的手一直握着孩子的小手，脸上挂着轻松慈爱的笑。女孩终于忍不住了，眼泪再次流下来："妈妈，我很疼！"并轻声哼起来。母亲一边给孩子擦眼泪一边问："你想大声哭吗？"孩子点点头。病房却是出奇地安静，不知道大家是不是都睡了？那时已是夜里11点多了。

"让妈妈陪你一起疼好吗？"孩子点点头又摇摇头。母亲把自己的手放在女孩的唇边说："疼，你就咬妈妈的手。"孩子咬住了妈妈的手，可是眼泪还是不停地流。后来，孩子终于闭上眼睛睡着了，脸上还挂着泪水，母亲这时却是泪流满面。

凌晨3点的时候，孩子就从梦中疼醒了，她叫了一声"妈妈"就轻轻地抽泣起来。母亲忽然没了言语，她不知所措了，嘴里只是轻轻地叫着："我的孩子！"

"孩子要哭，你就让她大声哭吧。"一个声音在房间里响起。"孩子你哭吧。"房间里的人一起说。他们竟是醒着的。

"妈妈，叔叔阿姨不睡了吗？"孩子哽咽着问，眼泪浸湿了她的头发。她的小脸像个天使。

屋子里能走动的人都来到孩子的眼前，一名40岁左右的阿姨拿起一个橘子，一边剥皮一边说："吃个橘子吧，小宝贝，吃了橘子，你就不疼了。"说着眼泪滚落在孩子的脸上……

那一夜，大家都没有再睡，大家都被感动着，被那孩子感动着，被孩子的母亲感动着。有一个称职的母亲才会有这样优秀的孩子。

公共秩序是社会文明的标志，是一个人道德修养的表现。只有大家都自觉遵守公共秩序，我们才能有一个秩序井然、安定文明的社会环境，才能使我们的生活正常进行。所以，我们每位家长都要严格要求自己，像故事中的母亲一样，多替别人着想，做文明人，尤其在孩子面前更要以身作则成为一个遵纪守法的合格公民。

4. 帮孩子去除挑食偏食的坏习惯

很多孩子都有挑食偏食的坏毛病，如果不及时矫正，不仅会影响到孩子摄取营养，严重的还会影响到他们的身体发育，更有甚者，还会养成任性执拗的坏习惯。

现在，在养育孩子的过程中，很多家长都会遇到同一个问题，那就是孩子喜欢挑食，热衷于偏食，而且还乐此不疲。

小勇在幼儿园是个乖孩子，经常会受到老师的表扬。他在幼儿园从来不挑食，可是，在家里却特别挑剔，不喜欢家里的饭。

在家里，小勇几乎都很少上饭桌。即使妈妈亲自喂他，他还是总说："妈妈，我不想吃饭。"一次，为了让小勇能吃点饭，爸爸还特意带小勇去外面玩了一圈。妈妈则端着饭在门口等着，只要孩子累了，妈妈就可以随时喂他饭了。

小勇骑着车子在门口转了一圈。转到妈妈面前时，妈妈连哄带骗地说："到家咯，来，吃一口！"

可是，小勇却说："不吃！再转转！"

就这样，来来回回转着圈子，还没等一碗饭喂完，小勇的爸爸妈妈早已转得晕头转向了。

生活中这样的故事很多，绝大多数的家长都知道偏食、厌食会影响孩子对营养的均衡摄入，从而影响孩子的身体发育，而且它对孩子的心理成长乃至性格形成也是有影响的。但是，即便家长们都了解了它的害处，还是感觉一点办法都没有，像小勇这样的孩子仍然很多。

小勇的问题跟家长的教养方式有着密切的关系。现代家庭中的孩子大多都是独生子女，家长们生怕孩子吃不好，营养跟不上，往往会特别关心孩子的吃，他们总会想方设法地让孩子多吃些、吃好些。

为了让孩子吃得好，很多家长就由着孩子的性子来，孩子想吃什么，家长就给他们提供什么，很少有人会考虑到营养是否合理，孩子能否吸收。这样做的结果，只能是让孩子养成偏食、厌食的坏习惯。

天天今年7岁了，他的吃饭问题可愁坏了妈妈。每天吃饭的时候，一家人都高高兴兴地坐在饭桌边，只有他什么都不想吃，不是说"没胃口"，就是说"不饿"。

假期里，天天去了姥姥家。姥姥家住在农村，妈妈很担心，怕他在乡下吃不好。在家里，每天孩子连鸡鸭鱼肉都不愿吃，到了乡下，孩子能吃得下那些粗茶淡饭吗？

可是，事情并不像妈妈想象中的那样。说来也怪，在姥姥家，天天不仅跟小朋友们玩得很开心，而且对姥姥家的腌茄子、拌豆腐、酱黄瓜等也格外喜欢。就连在家里最怕吃的猪肉，天天也吃得津津有味。

其实，出现这样的情况并不奇怪，这里有个饮食的"对比度"问题。有些父母一心要让孩子吃好，就买来各种所谓高级儿童食品，他们用这些食品把孩子"堆"了起来。殊不知，人的食欲有个怪脾气：有时候，父母越是让孩子吃，孩子越是不想吃。"逼"到一定程度，挑食厌食便成了必然。

孩子之所以会出现挑食厌食的问题，主要在于，家长过分迁就孩子，任其随心所欲地吃过多的零食。零食是导致孩子偏食厌食的一个重要因素。有时候，是家长的言语暗示导致了孩子的偏食。比如，家长常在孩子面前讲某种食物不好吃，孩子就很容易对某种食物产生厌恶，从而导致挑食。

偏食、厌食的孩子一般比较任性，他们有的只挑自己喜欢吃的食物，对于自己不喜欢的食物则一概不吃。有的孩子，一听要吃饭就眉头不展。挑食的孩子不仅任性，而且敏感、挑剔，他们的自制力往往不是很强，时间长了，就会影响到孩子的性格发展，更别说教养了。

为了纠正孩子的挑食问题，也为了让孩子变得有教养，父母要注意以下几方面：

①不要一边进餐，一边看电视，确保孩子有固定的吃饭时间。进餐时尽量让孩子坐在高椅上，不要让孩子在椅子上玩玩具，要让他有正经吃饭的感觉。

②孩子对吃饭有了兴趣后，家长还应在做菜时经常变换花样，以防孩子对某种食物产生厌烦心理。

③从婴儿期开始，适时给孩子添加蔬菜类辅助食物。刚开始可喂一些用蔬菜挤出的汁或用蔬菜煮的水，如番茄汁、黄瓜汁、绿叶青菜水等，然后可以给孩子喂些蔬菜泥。孩子快1岁的时候就可以给他们吃碎菜了，可以把各种蔬菜剁碎放入粥、面条中喂孩子。

④饺子、包子等有馅儿食品大多以菜、肉、蛋等为馅儿，这些带馅儿食品便于儿童咀嚼吞咽和消化吸收，且味道鲜美、营养也比较全面。对于那些不爱吃蔬菜的孩子，不妨经常给他们吃些带馅儿食品。

⑤一些有辣味、苦味的蔬菜，不必强求孩子去吃。一些味道有点怪的蔬菜，如茴香、胡萝卜、韭菜等，可以尽量变些花样，比如，做带馅儿食品时加入一些，让孩子慢慢适应。

为了不让孩子养成挑食偏食的坏习惯，父母要让孩子明白：人要生长发育，就要摄取各种营养，这些营养都是来自各种食品的。如果一味地偏食、厌食，只会影响到自己的身体发育，还会经常生病。

父母要给孩子树立榜样。有些家长自己就偏食，而且自己不吃的东西也不给孩子吃，这是家长的失误。家长要改掉这种倾向，以身作则，和孩子共同进步。有时候，孩子会有吃零食的要求。家长要秉承适量适度的原则，不要对孩子过度纵容。面对孩子的过分要求，家长要坚持原则。

5. 良好的习惯要从小养成

一天，一位睿智的教师与他年轻的学生一起在树林里散步。教师突然停了下来，并仔细看着身边的四株植物。第一株植物是一棵刚刚冒出土的幼苗；第二株植物已经算得上挺拔的小树苗了，它的根牢牢地盘踞到了肥沃的土壤中；第三株植物已然枝叶茂盛，差不多与年轻学生一样高大了；第四株植物是一棵巨大的橡树，年轻学生几乎看不到它的树冠。

教师指着第一株植物对他的年轻学生说："把它拔起来。"

年轻学生用手指轻松地拔出了幼苗。

"现在，拔出第二株植物。"

学生听从教师的吩咐，略加力量，便将树苗连根拔起。

"好了，现在，拔出第三株植物。"

学生用一只手进行了尝试，然后改用双手全力以赴。最后，树木终于倒在了筋疲力尽的年轻学生的脚下。

"好的，"教师接着说道，"去试一试那棵橡树吧。"

年轻学生抬头看了看眼前巨大的橡树，想了想自己刚才拔那棵小得多的树木时已然筋疲力尽，所以他拒绝了教师的提议，甚至没有去做任何尝试。

"我的孩子，"教师叹了一口气说道，"你的举动恰恰告诉你，习惯对生活的影响是多么巨大啊！"

我们的习惯就像是故事中的植物一样，幼苗很容易拔除，而随着时间的推移，越是根深蒂固，越是难以根除。故事中的橡树是如此巨大，就像是积久形成的习惯那样令人生畏，让人甚至怯于尝试改变它。还有值得一提的是，习惯与习惯之间也存在着不同，其中有些习惯比另一些习惯更难以改变。不仅坏习惯如此，好习惯也不例外。也就是说，好习惯一旦养成了，它们也会像故事中的橡树那样，忠诚而牢固。习惯在这种由幼苗长成巨树的过程中，被重复的次数越多，存在的时间也就越长，它们也就越难以改变。

我们周围有很多的人，日常的生活平平淡淡，事业上举步不前，可是看到别人取得巨大成就时，往往会羡慕他们的高智商、天赋，或者认为他们天生就具有出色的处世风格。事实真的是他们所想的那样吗？我们不妨先看看被人称赞高智商的玛丽大夫的故事：

玛丽是美国非常有名的一位牙科大夫，人们都认为她具有很高的智商。事实上，玛丽并不比大家智商高，而是养成了这样一个比别人更好的习惯：

每天早晨起床后，洗漱完毕，她都会在吃饭前坐在早餐桌旁，翻一翻有关医疗和牙科研究的杂志。久而久之，这一习惯就发挥了作用，玛丽变得更为博学、更富经验、更专业。这在一般人看来，玛丽似乎就显得比其他大夫的智力水平高一些。不过，不论聪明与否，都不会妨碍玛丽比其他大夫更有能力，因为玛丽拥有一个比别人更容易取得成功的好习惯。

或许有人认为一个人具有怎样的处世风格是天生的，是父母遗传的，好与不好都命中注定。不过这只说对了其中的一小半。的确，人的性格特征的基础是来自遗传，但是，除了先天的素质之外，一个人的处世风格在很大程度上深受环境的影响。

一位西方著名的学者指出，成功人士的日常行为规律一般都是基于良好的习惯之上。成功的运动员、律师、医生、企业家、音乐家、销售员、作家等各个领域中的杰出人士，在他们的身上你都能发现这样一个共性，那就是他们都具有良好的习惯。正是这些好习惯，帮助他们开发出更多的与生俱来的潜能，使他们在自己的人生道路上取得一个又一个辉煌的成就。

千万不要认为只有具有天赋的人才能取得成功。萨拉萨蒂是19世纪西班牙最伟大的小提琴家，他曾被媒体称为天才。对这种说法，萨拉萨蒂极为不满，他说："天才！37年来我每天苦练14个小时，现在，有人叫我天才！"萨拉萨蒂自己很清楚地知道，并不是什么天才或天赋造就了一个时代最杰出的小提琴家，自己所取得的辉煌成就，所依靠的是勤奋刻苦的习惯——每日坚持不懈地练习。而这往往是人们所忽视的。

成功人士并不见得比其他人聪明，他们却比一般人更有教养、更有知识、更有能力；成功人士也不一定比普通人更有天赋，他们却训练有素、技巧纯熟、准备充分；成功人士具有比一般人更为坚定的决心和更为奋进的努力，同时他们办起事情来也比别人更有效率、更具条理。所有的这一切，都是良好的习惯所带来的！

　　几年前，当几十位诺贝尔奖得主聚会之时，记者问一位荣获诺贝尔奖的科学家："请问您在哪所大学学到您认为最重要的东西？"这位科学家平静地说："幼儿园。""在幼儿园学到什么？""学到把自己的东西分一半给小伙伴；不是自己的东西不要拿；东西要放整齐，吃饭前要洗手；做错事要表示歉意，午饭后要休息；要仔细观察大自然。"这位科学家出人意料的回答，直接明了地讲明了儿时养成良好习惯对人一生具有决定性意义。

　　中国著名的教育家、儿童心理学家陈鹤琴指出，人之动作十分之八九是习惯，而这种习惯有大部分是在幼年时养成的，所以在幼年时代，应该特别注意习惯的养成。但是习惯不是一律的，有好有坏。习惯养得好，终生受其福，习惯养得不好，则终生受其累。

　　"少成若天性，习惯如自然。"意思就是小时候形成的良好行为习惯和天生的一样牢固。近代英国教育家洛克在其《教育漫话》中说道："儿童不是用规则教育就可以教育好的，规则总是被他们忘掉。你觉得他们有什么必须做的事，你便应该利用一切时机，给他们一种不可缺少的练习，使它们在他们身上固定起来。这就使他们养成一种习惯，这种习惯一旦养成以后，便不用借助记忆，很容易地、很自然地发生作用了。"

　　一个人在小时候培养一些好的习惯，将会给他带来终生的无穷受益。古希腊哲学家亚里士多德早在公元前350年便宣称，正是一些长期的好习惯加上临时的行动，才构成了美德。俄罗斯教育家乌申斯基也认为好习惯是人在神经系统中存放的资本，这个资本会不断地增长，一个人毕生都可以享用它的利息。而坏习惯是道德上无法偿清的债务，这种债务能以不断增长的利息折磨人，使他最好的创举失败，并把他引到道德破产的地步。

良好的习惯要从小养成，中国有句古话"慎之于始"，就是这个意思。如婴儿初生的时候，假使大人不放他在床上而抱在怀里睡的话，不出一个星期，就会养成要睡在怀里的习惯。不过，在这种习惯没有养成之前，不能够有例外，即使大人在那时候有了别的事情，也不要忽略这种事情。

还有一点尤其需要注意的是教育的环境，一个好的习惯养成，父母是负有很大责任的，父母的言行、暗示对于儿女的习惯形成有极大的影响，因为父母与小孩在一起的时间长久，一举一动都很容易使小孩子模仿，其他在小孩子周围的人，也会影响到小孩子的习惯。

6. 让孩子养成珍惜时间的习惯

法国思想家伏尔泰曾经出过一个意味深长的谜语：世界上哪样东西最长又是最短的，最快又是最慢的，最能分割又是最广大的，最不受重视又是最值得惋惜的？没有它，什么事情都做不成，它使一切的东西归于消灭，使一切伟大的东西生命不绝。这是什么呢？这就是时间。

对于这个谜语，伏尔泰是这样解释的：最长的莫过于时间，因为它永无穷尽；最短的也莫过于时间，因为我们所有的计划都来不及完成。

在等待的人，时间是最慢的；在作乐的人，时间对他来说是最快的。它可以扩展到无穷大，也可以分割到无穷小；当时谁都不加重视，过后谁都表示惋惜；没有它，什么事都做不成；不值得后世纪念的，它都令人忘却；伟大的，它都使它们永垂不朽。

历史上一切有成就的人，无一不是善于挤时间的能手。

巴尔扎克在20年的写作生涯中，写出了90多部作品，塑造了2000多个不同的人物形象，他的许多作品成了世界名著。他的创作时间表是："从半夜到中午工作。然后从中午到4点校对校样，5点钟用餐。5点半才上床，而到半夜又起床工作。"就是说，在圈椅里坐20个小时，努力修改和创作。有时手指写得麻木了，两眼开始流泪，太阳穴在激烈跳动，他喝一杯咖啡，又继续写作。有时，他一天只睡三四个小时，他曾经一夜写完《鲁日里的秘密》，三个通宵写好《老小姐》，三天写出《幻灭》50页的开头。

有一次，他写作了十几个小时，实在支持不住了，就跑到朋友家，一头栽倒在沙发上，请朋友一小时后叫醒他。后来，因误了时间，气得他大发脾气。

巴尔扎克说，写作是"一种累人的战斗"，就好像向堡垒冲击的士兵，精神一刻也不能放松。一些传记家介绍说："每三天，他的墨水瓶必得重新装满一次，并且得用掉十个笔头。"

和巴尔扎克一样珍惜时间的牛顿、居里、爱因斯坦、爱迪生等都是一些连坐车、散步、等人、理发时间都用于思考问题的挤时间的专家。

宋代文学家苏东坡有这样的诗句："竹中一滴曹溪水，涨起西江十八滩。"汇涓涓细流以成大海，积点滴时间以成大业。事物的发展变化，总是由量变到质变的。"点滴"的时间看起来很不显眼，但这些零零碎碎的时间积累起来却大有用场。

史书上记载了陶宗仪积叶成书的故事。陶宗仪是元末明初人。他在江苏松江担任乡村教师时，亲自耕田种地，休息时，常把自己的治学心得、诗作、所见所闻，随手写在摘下来的叶子上，放进一个瓮里，满了就埋在树下。如此日复一日，年复一年，装满了十多瓮。后来，他将这些瓮挖出来，将叶子上的文字摘录、整理。这就是我们今天看到的共有30卷的《辍耕录》。

只要我们养成了良好的利用时间的习惯，把点点滴滴的时间都充分地利用起来，就会发现，在日常生活中，时间还是很有潜力可挖的。

孩子并没有多么强的时间观念，他们往往不能按问题的主次和事情的轻重缓急来安排时间，而是凭自己的兴趣来安排时间，结果不但造成了不必要的时间浪费，而且还会影响处理许多事情。因此，在孩子不善于利用时间时，父母应该运用一定的方法帮助孩子养成合理安排时间的好习惯。

孩子能不能安排好自己的时间，与他的学习效率有很大的联系。一个不珍惜时间、无法合理安排时间的孩子，往往缺少自我控制的能力，缺乏不断前进的动力。如果父母在早期教育中让孩子养成了良好的利用时间的习惯，就等于给了孩子知识、力量、聪明和美好的开端。因为善于利用自己时间的人，将会获得高效率的办事效果，也是最能出成绩的人。

(1) 让孩子正确认识时间的价值

一个孩子对时间并没有什么概念，也不知道时间对他来说有什么用处，当然，他就不会去珍惜时间。因此，父母应该通过某些事情或是通道来告诉孩子时间是最宝贵的，不要浪费时间；还要告诉孩子时间是永远不会停留的，应该及时抓住时间；更应该让孩子知道，时间是神圣的，不要故意浪费时间，否则将会受到时间的惩罚。

对于时间来说，我们都像赶车的人。提前做好准备，准备迎接，准备利用，一点也无法改变。在时间的轨道上，我们只能调整自己的节奏、航向，以一种更积极的态度去利用时间创造更大效益。对于流逝了的，你纵然捶胸顿足、扼腕痛惜也无济于事；唯一有效的做法，就是学会提前调整自己、把握自己，学会合理安排好自己的时间。

(2) 让孩子养成规律的作息习惯

孩子有着非常随意的心理，他们的自我控制能力也比较差。因此，父母一定要坚持让孩子养成有规律的作息习惯。良好的作息习惯是养成时间观念的前提。父母可以和孩子一起制定一张作息时间表：什么时间起床；洗漱要多长时间；吃早餐要多少时间；放学后先做什么、然后做什么；几点睡觉等。这些都可以让孩子做出合理的安排。只有把作息时间固定下来，形成习惯，孩子才能对时间有一个明确的认识，才能养成良好的时间观念。

(3) 指导孩子合理安排做事情的顺序

孩子往往分不清自己要做的事情的重要程度，他们的事情往往是由父母和老师来安排的。这是造成孩子不善于利用时间的一大原因。事实上，只有充分认识到自己要做的事情与自己的关系，才有可能把这些事情都处理好。父母可以指导孩子每天把自己要做的事情按照重要程度和紧迫程度排列顺序。

(4) 教孩子有效利用时间去学习

每个人都有生物规律，孩子也是如此。孩子常常会有这种感觉：

在相同的时间段，心情好的时候学习效率就高，情绪不稳定的时候，学习效率就低；在一天当中，早晨和夜间学习效率高，下午和傍晚学习效率低。可见，孩子的学习往往存在一个最佳学习时机。当然，每个人的具体情况又有所不同，有些人早上学习效率高，有些人晚上学习效率高。父母可以让孩子注意观察自己的特点，掌握自己的最佳学习时间，然后把重要的学习内容安排到最佳时间里去学习。

(5) 在固定的时间看同一科目

要提高效率，就要讲究定时性原则，养成定时学习同一科目内容的习惯。

根据巴甫洛夫条件反射原理，如果在固定的时间、一定的环境条件下，看同一科目的书籍，那么，每当打开书本，大脑的有关部位就会不由自主地兴奋起来，从而取得更好的效果。如每天早上在固定的时间和地点背外语单词，时间久了，可增强记忆效果。就像每到吃饭时间，人的唾液和胃液照例要分泌一样。所以，什么时间做作业、预习、复习；什么时间阅读课外读物；什么时间听广播、看电视、参加文体活动；星期日怎样安排，都要尽量固定。一个没有定规、松松垮垮、起居无定且生活散漫、学习不定时的人，在学习和事业上很难取得显著的成效。

(6) 避免不必要的干扰

对于没有时间观念的孩子，父母尽量不要干扰他的学习，孩子的书桌上尽量不放平日他最感兴趣的非学习用品。家中不要有太多的噪声，要给孩子提供一个相对安静的学习环境。父母也不要陪读或监督，只需在孩子学习结束后进行检查，一是看孩子是否按规定的时间完成了作业，二是看孩子完成的作业的质量如何。如果孩子已经能够在一定的时间内保质保量地完成学习任务，父母就应该及时给予肯定和鼓励，当孩子没有按规定去做时，父母则必须给予应有的惩罚。

(7) 让孩子学会劳逸结合

学习与适当的文体活动、休息与睡眠相间，既能消除大脑疲劳，又能提高时间的利用效率。列宁写信告诉他的妹妹说："你每天一定要抽出一两个小时散步，这样埋头用心做功课会损害健康的。"列宁学习疲倦了，就荡秋千、散步；爱因斯坦在工作之余是弹钢琴、拉小提琴，还用望远镜遥望星空；梅兰芳练艺之余，爱养鸽种花；恩格斯既是伟大的思想家，也是骑马、击剑、游泳的爱好者；马克思钻研理论疲倦了，就做数学题……希望对大家是有所启发的。每个孩子都可以将一两次课外活动项目或学科学习交叉进行，以求高效。

第八章

"贵族" 精神

——你最大的精神财富

笑容、优雅、自信，是最大的精神财富。拥有了它们，你就拥有了全部。这就是"贵族"精神！

1. 自信是成功的第一秘诀

自信心是一种积极的心理品质，是一种促使孩子向上奋进的内部动力，更是一种能使孩子赢得成功的催化剂。

爱默生说："自信是成功的第一秘诀。"自信是孩子成长过程中的精神核心，是促使孩子充满信心地面对困难，努力完成自己愿望的动力。但它并非与生俱来，必须由家长对孩子从小加以正确引导，使孩子逐渐学会相信自己，建立起自信。

鲁西南深处有一个小村子叫姜村，离县城有十几千米的距离。但就是这个小小的偏僻的村子在方圆几十里以内却声名在外。原来，从很久以前这个小村子每年都会有几个孩子考上大学，读上硕士、博士。久而久之，大学村成了姜村的新村名。

村里只有一所小学校，每一个年级一个班。很早以前一个班级只有十几个孩子。现在不同了，方圆十几个村的家长都千方百计把孩子送到这里来。因为他们觉得把孩子送到了姜村，就等于把孩子送进了大学。在惊叹姜村奇迹的同时，人们也都在思索着：是姜村的水土好吗？是姜村的老师有教育孩子的秘诀吗？其实村子里的人也不知道这是为什么，但大家都隐隐感觉这件事与当年的那位老教授有关。

事情还得从二十多年前说起。原来的姜村小学也不过是山区里再普通不过的一所小学，可是就在那一年，小学调来了一个50多岁的老教师，听人说这个教师是一位大学教授，不知什么原因被贬到了这个偏远的地方。这个老师教了不长时间以后，就有一个传说在村里流传：这个老师能掐会算，能预测孩子的前程。他说有的孩子能成为数学家；有的孩子能成为音乐家；有的孩子能成为作家。

之后，大人们发现，他们的孩子与以前大不一样了，他们变得懂事而好学，老师说会成为数学家的孩子，对数学的学习更加刻苦；老师说会成为作家的孩子，语文成绩更加出类拔萃；老师说会成为音乐家的孩子课余时不再贪玩，而开始专心地练习乐谱了。对孩子们再不用像以前那样严加管教，他们都变得十分自觉。因为他们都被灌输了这样的信念：他们将来都是杰出的人，而好玩、不刻苦的孩子都是成不了杰出人才的。

就这样过去了好几年，当年的那些孩子要参加高考了。奇迹发生了，他们当中大部分人都以优异的成绩考上了大学。

后来，老教授年龄大了，离开了村子。他把预测的方法教给了新来的老师。那以后，姜村每年都能考出大学生。

那位老教授真的是能预测未来的先知吗？当然不是，事情的真相是，老教授只不过是在那些幼小孩子的心里种下了自信的种子而已。

自信对一个人一生的发展都起到重要作用。法国教育家卢梭曾经说过：自信心对于事业简直是一种奇迹，有了它，你的才干便可以取之不尽，用之不竭；一个没有自信的人，无论他有多大的才能，也不会抓住一个机会。所以，在孩子健康成长的道路上，自信心的培养是至关重要的一课。

自信是孩子潜力的"放大镜"。如果孩子是一个自信的人，那么他乐观进取，做事积极主动，勇于尝试，乐于接受挑战；但若孩子是一个缺乏自信的人，那么他就会在任何事情面前都表现得极为缺乏自信，因而柔弱、害羞、充满恐惧，既不敢面对新事物，也不敢主动与人交往，将失去很多学习和锻炼的机会，影响自身的发展。长此以往，孩子就会产生"无能"的感觉，变得自卑；甚至可能产生自暴自弃、破罐子破摔等极度不良心理，后果将很可怕。

1796年的一天，德国哥廷根大学，一个19岁的很有数学天赋的青年吃完晚饭，开始做导师单独布置给他的每天例行的三道数学题。

像往常一样，前两道题目在两个小时内顺利地完成了，第三道题写在一张小纸条上，是要求只用圆规和一把没有刻度的直尺做出正十七边形。青年做着做着，感到越来越吃力。开始，他还想，也许导师见我每天的题目都做得很顺利，这次特意给我增加难度吧。但是，时间一分一秒地过去了，第三道题竟毫无进展。青年绞尽脑汁也想不出现有的数学知识对解开这道题有什么帮助。

困难激起了青年的斗志：我一定要把它做出来！他拿起圆规和直尺，在纸上画着，尝试着用一些超常规的思路去寻求答案。

终于，当窗口露出一丝曙光时，青年长舒了一口气，他终于解出这道难题！

见到导师时，青年感到有些内疚和自责。他对导师说："您给我布置的第三道题我做了整整一个通宵，我辜负了您对我的栽培……"

导师接过青年的作业一看，当即惊呆了。他用颤抖的声音对青年说："这真是你自己做出来的？"青年有些疑惑地看着激动不已的导师，回答道："当然，但是，我很笨，竟然花了整整一个通宵才做出来。"导师请青年坐下，取出圆规和直尺，在书桌上铺开纸，让青年当着他的面做一个正十七边形。

青年很快地做出了一个正十七边形。导师激动地对青年说："你知不知道，你解开了一道有两千多年历史的数学悬案？阿基米德没有解出来，牛顿也没有解出来，你竟然一个晚上就解出来了！你真是天才！"

原来，老师也想解决这道难题，但总是找不到方法，只好让学生们试试，没想到有人居然解答了出来，这位青年便是"数学王子"高斯。高斯除了具有数学天赋之外，还具有较强的自信心。他认为自己能把那道题做出来，结果就真的把那道题做出来了。

有一句教育名言这样说：要让每个孩子都抬起头来走路。"抬起头来"意味着对自己、对未来、对所要做的事情充满信心。任何一个人，当他昂首挺胸、大步前进的时候，在他的心里有诸多的潜台词——"我能行！""我不比别人差！""我的目标一定能达到！""我是最棒的！""小小的挫折对我来说不算什么！"……假如每一个孩子都有这样的心态，肯定能不断进步，将来成为有用之才。因此，激发孩子的自信，让孩子自信地挺起胸膛，是父母应该重视的问题。

总之，自信心是孩子成长道路上的基石，是学习过程中的润滑剂，是生活中必不可少的勇气。因此，在日常生活中，家长要教孩子学会辩证地认识自我，既看到自己的优点，又发现自己的不足，使他们在一次次的尝试、探索、创造中，不断地证实自己，增强自信心。

实际上，自信的力量是无法用语言表达清楚的，在我们的成长过程中，自信始终伴随着我们。在我们跨出第一步时，我们就相信自己会走；在我们说出第一句话之前，我们就相信自己会说。因为我们先相信，所以我们会去完成它。反之，如果我们根本不相信，那我们就不会去行动，许多机会便是这样从身边悄悄溜走了。

2. 真诚比黄金还珍贵

真诚，是健康人格的一个重要范畴，它是一个人外在行为和内在道德的有机统一体，是评价一个人是否有教养的标尺。

何谓真诚？真诚就是真实、诚恳、实事求是，没有一点虚假。如果一个人拥有了真诚的品质，他就会交很多的知心朋友，他的路也会越走越宽。

真诚才是人生最高的美德。真诚是做人的基本品质，是人们相互信赖、友好交往的基石。每个人都喜欢同真诚的人打交道，与真诚的人交往。因为这样可使人有安全感，不必心存疑虑。

一位华侨富商，决定在家乡投资办厂。很多人都希望自己能够成为老华侨的合作者，纷纷跟他联系。

在众多的人选中，老人挑选了两个比较合适的人选，但是他只能选择一个作为自己在国内投资的经营管理者。老人酷爱下棋，而恰好那两个候选者也都是下棋高手，老人便对他们俩说："你们谁下赢了我，那么我就与谁合作。"

第一个人以一子之差惜败于老人；第二个人很精明，在老人转身去倒水时，偷偷地换了一个棋子，最后，他获得了胜利。

但是，后来，老人却选择了输了棋的那个人来作为自己的合作者。

第二个候选人责问老人："明明是我赢了，你为什么选择他呢？"

老人说："第一个人虽然没有赢我，但他是凭着自己的实力没有想着去耍小计谋，诚心诚意地与我对弈，从这一点就可以看出他是一个诚实可靠的人；而你，自以为换了个棋子无人知晓，但恰恰被我从镜子里看到了。虽然你赢了这盘棋，但你输掉了你的人品。我又怎么会选择你作为我的合作者呢？"

一个小小的棋子便可以反映出一个人的品德。以诚待人，就会使人感动，在任何地方都更容易把事情办成。做人要真诚，以诚待人，才会在人和人之间架起一座心灵之桥，打开对方心灵的大门，并在此基础上并肩携手，合作共事。

每个人都希望得到别人的真诚相待，要想别人真诚待你，你就应当首先主动真诚地去对待别人。你怎样待人，别人也会怎样待你。你与人为善、真诚待人，别人通常也会如此待你。

弗莱明是苏格兰一个穷苦的农民。有一天，他救起一个掉到深水沟里的孩子。第二天，弗莱明家门口迎来了一辆豪华的马车，从马车上走下一位气质高雅的绅士。见到弗莱明，绅士说："我是昨天被你救起的孩子的父亲，我今天特地过来向你表示感谢。"弗莱明回答："我不能因救起你的孩子就接受报酬。"

正在两人说话之际，弗莱明的儿子从外面回来了。绅士问道："他是你的儿子吗？"弗莱明不无自豪地回答："是。"绅士说："我们订立一个协议，我带走你的儿子，并让他接受最好的教育，如果这个孩子能像你一样真诚，那他将来一定会成为让你自豪的人。"弗莱明答应签下这个协议。数年后，他的儿子从圣玛利亚医学院毕业，发明了抗菌药物盘尼西林，一举成为天下闻名的弗莱明·亚历山大爵士。

有一年，绅士的儿子，也就是被弗莱明从深沟里救起来的那个孩子染上了肺炎，是什么将他从死亡的边缘救了回来？是盘尼西林。那个气质高雅的绅士是谁呢？他是第二次世界大战前英国上议院议员老丘吉尔，绅士的儿子是谁呢？他是第二次世界大战时期英国著名首相丘吉尔。

一个人种下什么，就会收获什么。只有付出真诚才能得到别人真诚的回报。因为真诚的力量是让人无法拒绝的。弗莱明因为真诚才让自己的儿子有了成才的机会。老丘吉尔也因为真诚才挽救了自己儿子的生命，并使之成为20世纪影响人类历史进程的政治家。

真诚是人与人之间沟通的桥梁，只有以诚相待，才能使交往双方建立信任，并结成深厚的友谊。我国著名的翻译家、教育家傅雷先生曾说过：一个人只要真诚，总能打动人的，即使人家一时不了解，日后也会了解……我一生做事，总是第一坦白，第二坦白，第三还是坦白。绕圈子，躲躲闪闪，反而叫人疑心；你要手段，倒不如光明正大，实话实说，只要态度诚恳、谦卑、恭敬，无论如何人家不会对你怎么样。

以诚待人是处世的大智慧。只有以诚待人，才能在感情上引起共鸣，才能相互理解、接纳，并使关系进一步巩固和发展，从而获得他人的信任和帮助。著名教育家陶行知指出："千教万教，教人求真；千学万学，学做真人。"所以，我们应该教育孩子为人真诚，真诚地与别人交往。

3. 喜欢对方，对方才会喜欢你

常听到许多孩子埋怨"我性情过于羞涩，很难引起别人的注意""没有人会对我感兴趣"，或是"别人不想认识我"……不错，别人为什么要喜欢你呢？这世界并没有义务非要喜欢你或我，或任何一个人。有什么特别的理由别人会特别选中你？除非我们具有他们所要的特质，否则，他们没有必要特别注意到你。

玛丽安·安德逊曾经很生动地描述她早期的生活——她那时事业失败，整个人很不得志，几乎就要放弃歌唱生涯。后来，凭借祷告和心灵的追求，她才逐渐恢复勇气和信心，准备继续为自己的事业奋斗下去。有一天，她兴致勃勃地向母亲说道："我要再唱下去！我要每个人都喜欢我！我要继续追求完美！"

母亲回答道："很好啊！这是很好的志向——但是，要知道，我们的主耶稣以完美的形象到这世界上来，却还是有人不喜欢他。人在成就伟大的事业之前，必须先学会谦卑。"玛丽安听了，深受感动，因此决心在音乐造诣上"力求"完美，而不是"想要"完美。"谦卑先于伟大。"这是母亲给她的最好赠言。

最重要的，不是别人没有爱我们，而是我们值不值得被爱。要想赢得别人的友谊或感情，必须先不去担心别人是否喜欢我们，而是要用心去改变我们的态度，并拥有能让别人喜欢我们的品质。

　　作家荷马·克洛维十分懂得交友之道。凡是碰到他的人，无论是清道夫、百万富翁还是妇孺老幼——都会在与他相处15分钟之内，对他产生好感。

　　小孩会爬到他的膝上，朋友家的仆人会特别用心为他准备餐点，而且，假如有人宣布："今晚荷马·克洛维会到这里来！"则当天的宴会一定没有人缺席。除朋友间深厚的感情之外，荷马·克洛维的家人也都十分敬爱他。他的妻子、女儿，还有好几个孙女儿，全都对他称赞不已。

　　荷马·克络维既不年轻，又不英俊，更不是百万富翁，他有什么魅力可以吸引人呢？他是如何赢得这种幸福的？说来也很简单——就是待人诚恳、热爱他人而已。对他来说，对方是什么人，或做什么事，他都不会在意。只要是身为一个人，对他便意义重大，值得付出关爱。每次他遇见陌生人，很快就能像老朋友一样交谈起来——并不是专谈自己的事，而是尽量谈对方的事。他借由问问题，可以知道对方是从哪里来，做什么事，有没有什么家人等。他也不会唠叨个不停，只是向对方表示自己的兴趣和关心，借以建立起友谊。

　　当然，为了得到友谊，我们必须先认清"施予比受用更有福"，然后把这种认知用实际行动表现出来。我们不能只是把金矿藏在内心，黄金必须使用才能显示其价值。正像约瑟夫·格鲁大使所说的："外交的秘诀仅在5个字——我要喜欢你。"

　　由此我们知道了得到友谊的最佳方法是注重施予，而不是获得，但应该是用真诚赢取得来的，而不是靠一时的吸引或哄骗。

我们总是希望别人先来喜欢我们，却不曾想到要如何才能让别人喜欢。现在就让我们着手去培养我们的孩子去做所有能激发友情的事吧。

4. 善良是生命的钻石

善良，即纯真温厚，没有恶意，为人和善。善良是人的一种美好品性，它是人类历史中稀有的"珍珠"。

播种善良，才能收藏希望。一个人可以没有让他人惊羡的姿态，也可以忍受"缺金少银"的日子，但离开了善良，足以让人生搁浅和褪色。

詹姆斯是美国著名的作家。

一次，他的侄子问他："人的一生应该做什么？"

詹姆斯回答说："人生有三样东西是最重要的。第一是要善良，第二是要善良，第三还是要善良。"

人以善为本，善是心灵美最直接的体现。一个人最重要的是要有一颗善心，以善良之心对待人生，这应该是一个人一生追求的道德规范。善良的人一般性格温和、乐于助人，由于能够理解体谅别人的痛苦，较少计较自己的得失，反而显得坚强、开朗，容易保持心理平衡。所以，家长要把善良的种子撒在孩子们的心中，让孩子成为一个有善心的人。

放学后，果果爸去学校接果果回家，看见果果和小朋友们排队走出了校门。他迎过去，却发现果果脸上显出一副委屈的样子。

果果爸拉过果果，发现他的胳膊肘擦伤了一块。怪不得果果一副伤心欲哭的样子呢，原来是受了伤。果果爸连忙把果果带到了学校的卫生室，问他："你怎么受的伤呀？"果果抽泣着回答："我走路时……不小心摔在地上……磕破了。"

果果受伤的事情就这样过去了。

星期天，同学皮皮来家里找果果，果果恰好不在家。皮皮临走时，偷偷地问："叔叔，你怎么不去找那个小朋友算账呀？"

果果爸奇怪地问皮皮："找谁算账？"皮皮说："就是去找乐乐算账呀。果果的胳膊是被乐乐弄伤的。"

果果回到家，果果爸问："果果，你的胳膊是怎么磕破的呢？"

果果看了看已经结痂的擦伤，笑了笑说："爸爸，我说了你可不要生气呀。"

果果爸说："我不生气，你对爸爸说实话吧。"果果的话与皮皮说的完全一样，果果爸相信了。他接着问："那你开始为什么不说清楚？"

果果笑哈哈地说："爸爸，乐乐不是故意的，我不想让你去找他算账，所以才说谎。"

果果是因为善良才说了谎话。为了保护自己的朋友，果果宁愿自

己去承受 "痛苦"，孩子的内心都存在着原生的善良。

时下，很多家长对孩子的智力发展和身体健康都十分重视，却极少考虑如何让孩子学会同情、关心和帮助别人。在少得可怜的品德教育中，往往只是教给孩子一些基本的礼貌用语和待人接物的基本常识，只是满足于一时的、表面的需要，却忽视了孩子良好情感的形成。

毋庸置疑，一些生活在优越环境中的孩子，冷漠、自私、放任又很脆弱，他们往往体会不到爱，不知道爱父母、爱家庭、爱同学，不知道关心别人、为别人服务、为社会尽义务。这样的 "小皇帝" 长大后是很容易产生一系列社会问题的，他们怎么还会有善心，还会有教养？

苏联著名教育实践家苏霍姆林斯基曾说： "善良的情感是良好行为的肥沃土壤。" 从小培养孩子善良的情感，是强化孩子品德教育的重要一环，也是素质教育的组成部分。

1911年诺贝尔和平奖获得者阿尔弗雷德·赫尔曼·弗里德是奥地利的一名记者。少年时代，阿尔弗雷德就是一个善良的孩子。因为家里比较贫穷，所以父母每天都为了一家人的生计奔波忙碌。为了能帮助父母减轻一点负担，小阿尔弗雷德决心去摆一个小书摊儿，并把自己的计划告诉了父母。最初，阿尔弗雷德的父母并不同意他这么做，担心这样会影响到他的学业，后来，在阿尔弗雷德的软磨硬泡下，他的父母终于同意了。

很快，小阿尔弗雷德就成了一个小书摊儿的摊主了。因为他服务热情，而且有很多有趣的图书，所以小书摊的生意特别好。在劳动中，小阿尔弗雷德学到了许多知识，也认识了很多朋友，每天都过得特别充实。

有一天，已经接近傍晚了，小阿尔弗雷德麻利地收拾东西，准备回家吃晚饭。这时，有4个和他差不多大的孩子围了过来。其中一个还故意碰翻了书摊儿。小阿尔弗雷德正要责备那个孩子，另一个孩子赶紧说对不起，并帮着他去捡书。小阿尔弗雷德刚说了一声"谢谢"，冷不防被其中一个孩子绊倒了，这时，4个孩子一起冲上来，把他压在身子下面。一个孩子厉声问道："你的钱呢？钱在哪里？快点给我们！"当4个孩子在他身上乱搜的时候，他又气又急，慌乱中，他忽然看见街对面有一个警察，就大喊了一声："警察来了！"那4个孩子看见警察来了，都慌了，爬起来就跑。其中有一个孩子比较小，跑得慢，所以被小阿尔弗雷德一把给抓住了。

警察过来了，看着凌乱的书摊儿和两个孩子，很严肃地问道："这里发生了什么事，你们两个在做什么？"小阿尔弗雷德看了看旁边那个孩子，说："他想……他想租书看，可是我要收摊回家吃晚饭了。所以他就帮我收拾摊子。"警察见没有发生什么事情，就微笑了一下，走开了。小阿尔弗雷德拉了拉那个孩子的手，说："来，快点帮我收拾东西。"那个孩子感到很意外，他迷惑不解地问阿尔弗雷德："刚才，你……你为什么不告诉警察？"小阿尔弗雷德并没有回答，却反问那个孩子："你们为什么要来抢我的钱呢？"

那个小孩低下头，不好意思地说："我们已经观察你好几天了，本来也没想抢你的钱，可是今天我们没有弄到吃的东西，都饿坏了，所以才……""就因为我看你们的衣服很破旧，所以我知道你们抢钱肯定也是迫不得已，我也是穷人家的孩子，所以我才没有告诉警察。"小阿尔弗雷德诚恳地说。

收拾好书摊儿之后，小阿尔弗雷德对那个孩子说："你跟我一起走吧，咱们吃饭去。"那个孩子很感动地点了点头。小阿尔弗雷德带着他到附近的小吃店里，吃完饭后，又买了几张饼，说："你带给你的朋友们吧。欢迎你们明天还到我这里来，我可以请你们免费看书。"第二天，直到很晚了，那4个孩子才来。这时，小阿尔弗雷德才知道，他们原来都是流浪儿，靠乞讨和捡破烂为生。从那以后，小阿尔弗雷德总是尽量帮助他们，而这4个孩子只要有时间，就会聚集在书摊儿前看书，帮小阿尔弗雷德收拾书摊儿，他们居然成为了很好的朋友。

善良是人的天性，小阿尔弗雷德并没有因为其他孩子的恶意冒犯而失掉自己的爱心，相反，他用自己的善行感化了几个迷途的孩子，这种以德报怨的善行正是很多人所缺少的。其实，爱可以拯救一个迷途的灵魂，它可以唤醒一个人内心的希望和力量。有的时候，一件微不足道的小事、一次不经意的善举，都可能会改变一个人的命运。

善良作为一种美德，对孩子的成长具有不可忽视的积极影响。可以说，拥有善良品质的人，同时也是个道德高尚的人，他更容易赢得人们的信赖，取得事业上的成功。

人之初，性本善。善良是做人最基本的品质，我们要将其发扬光大，代代相传。善良的情感及修养是人道精神的核心，它必须在童年时细心培养，否则难有效果。所以，教孩子学会善良，是每位家长必须承担的责任。

那么，如何培养呢？空洞的说教和良好的愿望是远远不够的，具体应从以下几方面入手：

(1) 为孩子创造温馨、友爱的成长环境

父母要以友好和爱的方式来教育、帮助孩子，努力使善意、友好的气氛充满整个家庭。孩子们在这样的环境熏陶下，自然会学会善良。

(2) 给孩子灌输善良的思想

父母可以在某些特定的场合下，简单地、随意地向孩子解释一下，让他知道所有的人都非常喜欢善良的人。

(3) 为孩子营造表达善意的机会

孩子们受到了别人的友善相待会感到非常愉悦，通过这样一个机会，可以让孩子懂得只要与人为善自己也会获得快乐。

(4) 赏识孩子"善意"的举动

当孩子给别人提供了帮助，或者替别人着想时，要不时地给予赞扬，鼓励他为别人多做一些好事。

5. 帮助别人是快乐之本

助人为乐，是中华民族的传统美德，也是当今社会值得提倡的道德风尚。人的本质可以说是爱的相互存在，人的生活是与他人的相互交往构成的。乐于助人，就是要求人们善于理解他人的处境、他人的情感和需要随时准备从道义上去支持他人，从行动上关心、帮助他人。

著名书法家王羲之的书法天下闻名。有一天，王羲之在路上遇见了一位贫苦的老婆婆，提着一篮竹扇在集市旁叫卖，却没有什么人去买。他看到后心里很同情，于是就帮老婆婆在每把扇子上都题上字。人们知道后纷纷围拢来抢着购买，一篮子竹扇很快被抢购一空。等着买米下锅的老婆婆非常高兴，十分感谢乐于助人的大书法家。

助人为乐是一个人思想境界的行为体现，是一种精神的升华。每一个人都不是孤立地生活在这个世界上，我们必定生活在群体中。人与人之间的交往是一种平等互惠的关系，你对别人怎样，别人也会怎样对你。你热心帮助别人，别人也会帮助你。帮助永远都是相互的，正像"投之以桃，报之以李""赠人玫瑰，手有余香"一样。所以你想得到别人的帮助，自己首先要帮助别人。

在美国得克萨斯州的一个风雪交加的夜晚，一位名叫克雷斯的年轻人因为汽车"抛锚"被困在郊外。正当他万分焦急的时候，有一位骑马的男子正巧路过这里。见此情景，这位男子二话没说，便用马帮助克雷斯把汽车拉到了小镇上。事后，当感激不尽的克雷斯拿出一沓美钞对他表示酬谢时，这位男子说："这不需要回报，但我要你给我一个承诺，当别人有困难的时候，你也要尽力帮助他。"

于是，在后来的日子里，克雷斯主动帮助了许许多多的人，并且每次都没有忘记转述那句同样的话给所有被他帮助过的人。

几年后的一天，克雷斯被突然暴发的洪水困在了一个孤岛上，一位勇敢的少年冒着被洪水吞没的危险救了他。当他感谢少年的时候，少年竟然也说出了那句克雷斯曾说过无数次的话："我不需要回报，但我要你给我一个承诺……"克雷斯的胸中顿时涌起了一股暖流。

给他人力所能及的帮助，是一种美德，也能从中收获到快乐。社会交往越来越密切，越来越离不开互相帮助。对父母来说，在孩子幼小的心灵中播下关心他人、助人为乐的种子，是发展孩子的健康心理，培养其开朗、宽厚、善良性格的重要基础。一个乐于助人的孩子，能够不断收获到他人的支持、帮助。

开学半年多了，同学们从没见于长路笑过，这引起了班长周明凯的注意。平时于长路从不主动和别人聊天，也不爱说话，只顾一个人低头学习。半年来除了学校他几乎没去过其他的地方。由于他性格孤僻，同学们给他起了一个外号，叫"孤独大侠"。

有一次，于长路的一个亲戚来看他，周明凯才从于长路的亲戚那里了解了他的不幸。原来于长路很小的时候父母在一次车祸中丧生，由于没有了生活的依靠，于长路和妹妹不知道该怎么活下去。幸好远方的舅舅闻讯赶来，把兄妹俩接到了自己家。舅妈是一个好生事端的人，对于长路和妹妹十分苛刻，动不动就责骂甚至动手打他们。

一次妹妹发高烧，舅舅不在家，于长路求舅妈带妹妹去看病，舅妈不理他，等舅舅回来后把妹妹送到了医院，可妹妹的眼睛再也看不见东西了。从此以后，他再也不愿意和别人说话，除了妹妹。

周明凯知道一切后，主动找于长路谈话，周明凯说："于长路，我对你的不幸深表同情，希望我能帮助你。"于长路只是看看他，没有说话。可是周明凯并没有放弃对他的帮助，他把于长路的事告诉了同学们，并让大家一起想办法，让于长路快乐起来。

因为于长路的拒绝，谁也没想到更好的办法。周明凯忽然想到于长路的妹妹是发烧导致的失明，也许能治好，于是他请教了医生。医生告诉他要看什么情况，一般情况下是可以治好的。

这让周明凯看到了希望，他回去组织同学策划捐款行动，然后背着于长路把他的妹妹接到医院。经过检查，医生说可以治好，这让他和同学们高兴不已。

这段时间于长路见同学们都怪怪的，而且他们用一种异样的眼光看他，以为是周明凯把他的事向同学们宣扬开而导致的，于是对周明凯更加冷漠。

直到一天，周明凯对于长路说："于长路，门口有人找你。"于长路疑惑不解，因为平时从来没有人找过他，但他还是向门口走过去。当他看见自己的妹妹时，眼睛湿润了。

"怎么，你的眼睛？"

"是的，我可以看见你了！"

于长路不解地问："到底发生了什么事？"

妹妹把发生的一切告诉了于长路，从此于长路和周明凯成了好朋友，他的性格也逐渐变得开朗起来。

帮助别人是一件很快乐的事情，当别的小朋友遇到困难的时候，在自己能力范围内，主动去帮助别人，这个过程既可以让孩子之间建立良好的友谊，又可以让孩子体会到成就感，让孩子成为受欢迎的人，这将大大增加孩子的信心，使其更乐意与人交往。因此，培养孩子乐于助人的精神是儿童教育中的一个重要课题。

现在的孩子多为独生子女，随时随地都处于被照顾的地位。他们很少有机会去关心、照顾别人，甚至他们很少想到别人，只知"自我"，根本不懂人与人之间的帮助，所以，我们要创造机会让孩子学会帮助别人，培养孩子助人为乐的好习惯，这对孩子今后是否具有高尚的情操、健全的人格有着不可估量的影响。

生活中，家长要让孩子明白"助人为乐"这四个字蕴含着人世间最美的意义。"助人"为什么会快乐呢？因为可以从帮助别人的过程中发现自己的生存价值。由于你的帮助和付出，使别人的困难得到解决，把别人的不方便变成了方便，这是一种成功的体验。当孩子懂得这些道理之后，就会主动帮助别人。

第九章

内 外 兼 修

——气质是女孩一生的财富

相貌的美高于色泽的美，而秀雅合适的动作美又高于相貌的美。这是美的精华。

1. 举止优雅，淑女从小做起

举止优雅是有一定标准的。在日常生活中，女孩的父母们不妨参照以下标准，对孩子提出合理正确的要求。

仪容仪表

仪容仪表的整洁对女孩子来说非常重要，父母应对女儿做出如下几点要求：要把脸、脖子、手都洗得干干净净；勤剪指甲勤洗头；早晚刷牙，饭后漱口，注意口腔卫生；经常洗澡，保证身体没有异味；衣着要干净、整洁、合体。

行为举止

父母应对女孩子的站、坐、行以及神态、动作等方面提出一些明确的要求。例如，优美的站立姿势要求身体直立、挺胸收腹、脚尖稍向外呈 V 字形；要避免无精打采、耸肩、塌腰，千万不能半躺半坐；走路要昂首挺胸，肩膀自然摆动，步速适中等。

表情神态

父母要教育女儿，与人交往要表现出对他人的尊重、理解和善意，要面带自然微笑，千万不要出现随便剔牙、掏耳、挖鼻、搔痒、抠脚等不良习惯动作。

言谈措辞

父母要让女儿养成使用文明礼貌用语的好习惯，如经常说"您好、谢谢、请、对不起、没关系"等。父母还应告诉女儿，沉默寡言、啰嗦重复，都是不正确的语言表达方式。

需要注意的是，父母向孩子讲解优雅举止的标准时，不要用教训、命令的口吻，而是要循循善诱、谆谆教导。当优雅举止成为孩子一种不自觉的习惯，孩子卓尔不凡的气质也就形成了。

另外，孩子的一些错误行为往往是因为考虑少，而不是有意冒犯。因此，如果父母此时严厉斥责、制定规矩，往往会使孩子产生反感和抵触情绪。因此，想让孩子变得举止优雅，最好的方式就是——提示和表扬。

母亲带女儿去一位阿姨家做客前，她用提示的口吻对女儿说："我们去看阿姨的时候，如果你能和她握手，并且用餐的时候主动为她拉出凳子，我们会为你感到骄傲。"做客回来后，母亲这样表扬了自己的女儿："我和阿姨今天都很高兴，我们真喜欢你和阿姨握手，并为她拉椅子的样子。"

一般来说，当父母对女孩子有所提示，女孩子往往会牢记并努力实现父母的期望。而父母适时的表扬，则可以让孩子的这种好习惯得到延续。经常这样提示和表扬，用不了多久你就会发现，你已经不再需要提示、只需适时表扬就可以了。

此外，父母还可以制定一些家庭内部的基本原则，来引导孩子举止文雅。比如，如果你想说"你这个没教养的孩子，把胳膊肘从桌子上拿开！"可以换成这样说："我们家的规矩是吃饭时，胳膊不放在桌子上。"这样孩子比较容易接受，因为你是在说一种制度、一种行为，而不是在批评她。

还要强调两点：

第一点，妈妈要做优雅的好榜样。有一位妈妈这样在朋友圈写道："别以为小孩什么事情都不懂，她可都看在眼里呢。有一次她冲我发脾气，我就说她，小姑娘不可以这么大声说话，结果就听到她小声嘟囔：妈妈和爸爸不开心的时候也这么大声说话的。听到女儿这么说，从那以后，我尽量克制自己的急性子，暗自发誓要给她树立一个优雅妈妈的好榜样。"

无数事实证明，母亲的一言一行对女儿的影响是巨大的。如果母亲说话大嗓门，那女儿讲话也必然不能细声细语；妈妈行为无所顾忌，女儿自然也会大大咧咧……所以要想培养出真正的小淑女，妈妈必须先做优雅女人。

第二点，有一些女孩子天生精力旺盛，好像怎么都无法把她们和"淑女"挂钩，此时，作为家长的你不必着急，也不需要刻意扭转她的天性，你要做的是把她的精力引导向正确的方面，可以逐步引导孩子做一些安静的事情，例如折纸、下棋、画画、钓鱼、照相等，这些活动有利于培养女孩安静、专注的性格。

也可多为孩子提供一些体育用品，如小皮球、小自行车、溜冰鞋等，当孩子满腔热情地投入到体育活动中时，她便多了一种有益的兴趣爱好，还可达到以动制动的目的。

2. 端庄大方，培养健康的审美观

心理学家研究表明，女孩在两三岁时就会产生审美需求。例如，在三四岁的时候，她们会穿妈妈的鞋子、用妈妈的口红。等到年纪再大一点儿，她们爱美的心更强烈了，有的女孩宁可挨冻，也要在冬天穿裙子。另外，由于年纪小，女孩还容易受电视媒体的影响，在穿衣打扮上尽量把自己打扮得妖艳、性感。以上这些都是妈妈们不愿意见到的，当女儿出现这些情况时，她们会严厉斥责女儿，但是这样真的能够起到很好的教育作用吗？

宣萱今年14岁，正是爱美的年纪，但是她从来不穿裙子，即使妈妈给她买来她也拒绝穿。出现这样的情况，和妈妈的责骂有很大关系。在宣萱6岁的时候，她非常喜欢穿裙子，即使到了冬天，也不肯脱下来。开始时，妈妈给女儿讲道理，但是宣萱死活不听，后来妈妈发了火："你这丫头这么小就这样臭美，长大了一定会长成狐狸精，只有狐狸精才喜欢穿裙子。"妈妈说这句话本来只是想吓吓她，但是却给宣萱留下这样一个印象：喜欢穿裙子会成为坏女人。从那以后，宣萱每次穿裙子的时候都有一种罪恶感，到后来干脆再也不穿了。

爱美是女孩的天性。如果妈妈在她们刚刚产生审美需求时就粗暴地干涉、阻止、限制她们，会让她们的审美观停滞不前，很难成为一个审美能力极高的女孩。但是女孩又极容易受电视媒体、同学朋友的影响，如果妈妈不闻不问，她们的审美观也很可能会被扭曲，形成一种错误的审美观念。所以，穿衣打扮这件事看似不大，却会直接影响到女孩的审美观念，妈妈一定要认真对待。

有一天早晨，妈妈到女儿的房门外喊女儿吃饭。女儿对门外的妈妈说："妈妈，再等会儿，你可能有惊喜哦。"

几分钟后，妈妈再次来到女儿的房前说："干什么呢？早餐都凉了。"

门猛地被拉开了，站在妈妈面前的人差点儿让她晕过去。女儿的两个脸蛋涂得血红，头发弄成鸡窝状，眉毛画得又粗又黑。妈妈不禁皱起了眉头："我的天啊，我当遇到了怪物呢！你这是干什么？你才多大啊，就弄得跟个妖精一样。"

女儿听了差点儿哭出来，迅速跑到卫生间把脸上的东西全洗掉了。

不久以后，女儿的班主任打电话给妈妈说："我们班里要表演节目，可是你的女儿不肯化妆，说化了就是妖精。"

妈妈这才意识到自己的错误。

每个女孩心中都有一个关于美丽的梦，梦到自己某天醒来变得漂亮可爱，所有的人都夸奖她，说她是个美丽的公主。作为家长，应该维护女儿这种对美的渴望和向往，让女儿保持这种浪漫的情怀，实现自己成为美丽女人的梦想。

所以，不论女儿对美的追求和认识多么偏怪，家长都不可采取强硬措施严厉地封闭孩子的想法，而是要拿出客观态度，以正确的教育方式引导她、尊重她、理解她，使女儿成为一个乖巧可人、美丽灵动的小姑娘。

一个女性的气质如何，大多体现在她的审美观上，气质好的女性，必定有着很好的审美观。想要女儿成长为一位气质出众的女子，父母就要注意从她小时候起培养她较高层次的审美观。那么，作为父母，应该如何培养女儿正确的审美观呢？在家庭教育中，父母可以从以下方面入手。

(1) 引导女孩进入正确的审美世界

在女孩幼年，审美观经常受到外界的影响，加之女孩爱美的天性，不少女孩都有过穿着妈妈的花裙子、踩着妈妈的高跟鞋在镜子前"臭美"的经历，甚至还有一些女孩会拿来妈妈的大耳环、化妆品自我打造一番，陶醉于自己的美丽中。于是女孩开始更多地注重自己的裙子是不是最漂亮，自己的穿着和打扮有没有受到别人的羡慕、得到朋友的夸奖，红指甲、粉裙子、项链、花衣服……对美丽过于盲从地追求，也让很多女孩更容易形成错误的审美观。但是对于年龄尚小的女孩来说，产生不正确的审美观很正常，认为只要衣服颜色艳丽、有首饰就很漂亮。然而对于女孩的这些错误的审美观，父母不可用强硬的方式干涉和禁止，而是要运用正确的方法，适当地引导孩子，使她认识到美的意义。

　　姚女士和丈夫都是在工厂上班的普通工人，他们有一个可爱的女儿名叫阿珂。因为家境不富裕，加上工作比较忙，姚女士很少注意女儿对美的需求。然而有一段时间，女儿阿珂从幼儿园回来后，总是向姚女士诉说自己的"小心事"，比如哪个小伙伴戴了项链、谁穿了新裙子、哪个人又买了新皮鞋等，而且在阿珂心中，戴着项链、戒指，穿着花裙子，戴着大头花的女孩才是最漂亮的。每当说起来，阿珂就表现出一副羡慕的样子。对于自己以前的衣服，阿珂也开始表现出厌烦情绪，常常嫌自己的衣服难看。看到女儿这个样子，姚女士开始意识到，女儿知道美了。但是姚女士也发现，女儿对美的认识出现了偏差。

　　虽然家里经济条件不宽裕，但是为了不影响女儿的自尊心和自信心，姚女士到毛衣厂买来了各种颜色的毛线，并根据女儿的特点和气质，为女儿织了十多件颜色鲜艳、款式新颖的毛衣。

　　在此基础上，姚女士还对阿珂进行了整体打造，使阿珂变成了一个可爱的小精灵。虽然累，但姚女士觉得是值得的。后来，姚女士的女儿从幼儿园回来后，总是兴高采烈。因为阿珂的很多小伙伴看到她的衣服，都表现得十分羡慕，还有不少家长想要借阿珂的衣服做样子。随着自己越来越受欢迎，阿珂再也不去羡慕别人的衣服了，反而时常还会像个小评论家似的，和姚女士讨论小伙伴的穿着。看着女儿快乐的样子，姚女士感到很欣慰。

女孩的审美观，常常受到自我天性和周围环境的影响，有着像阿珂一样心理的小女孩在生活中并不少见。这时，作为父母，就要做到正确引导，让女儿逐渐懂得怎样打扮才是真正的美。

(2) 让女孩感受参与装扮的乐趣

一个拥有自我个性装扮的女性，才能表现出独属自己的美丽。在现实生活中，不少女性都习惯于随波逐流，追求所谓的流行，结果往往失去了自己的特点。对于小女孩来说，这样的现象就更为常见。小伙伴之间最受欢迎的穿着方式、衣服款型，往往成为追捧的对象。不少父母只是一味地满足孩子爱美的心理，却忽略了培养女儿对美的独特观点，使孩子成了"跟风族"，失去了自己的特点。这样不仅不能突出孩子本身的特点，也不容易使孩子形成真正属于自己的审美观。

所以作为女孩的父母，就要时刻向女儿传达美的概念，让她知道美不仅需要单纯的漂亮衣服，更需要拥有自己的个性。在现实生活中，父母不妨让女儿自己开动脑筋，感受参与设计的快乐，让她建立自我独立的审美观念。

陈女士是一个特别有心的人，有一天，她10岁的女儿巧巧忽然跑到她面前，要陈女士给她买一件衣服。然而陈女士发现，女儿所说的衣服几乎每一个小女孩都有，原来女儿是在"追流行"。后来陈女士就对女儿说："宝贝儿，你愿意设计一件属于自己的衣服吗？你来设计，然后妈妈帮你一起做，你看好吗？妈妈相信你会设计出比任何小朋友穿得都要漂亮的衣服。"

听到妈妈的鼓励，巧巧一下子来了精神，在自己的小屋里关了两个晚上，终于向妈妈拿出了自己的小设计。根据巧巧的设计，陈女士购买了布料、扣子和相关的一些材料，从画图、裁剪、缝制，陈女士都和女儿一起动手。用了整整三天，巧巧穿上了自己设计并参与制作的裙子。没想到，女儿的新裙子受到了很多同学的喜爱，并且不少女孩开始询问巧巧的裙子是哪里买的。经历了这次设计制作之后，巧巧开始有了自己的梦想——成为一名真正的服装设计师。

孩子的审美能力如何，离不开父母的教育和引导，让孩子拥有自己独特的审美视角，更是父母应该培养的。不论孩子是否真的能够成为设计师，让孩子体会自己设计、制作的过程，从中提高孩子的自信心和自我判断能力，有助于孩子审美能力的提升。因此，父母要特别注重对女儿个性审美观的培养。

(3) 让女孩在穿衣打扮上充满自信

女儿放学回家后很不高兴地对妈妈说："妈妈，丽丽买了一条名牌裙子，老是在我面前炫耀。我也要一条，我保证穿上比她好看。"

妈妈语重心长地对女儿说："孩子，你学习好、性格开朗、自信乐观，并且身体健康，在妈妈的眼里，你穿什么样的衣服都比她好看。你已经赢了她了，为什么还要跟她比什么名牌不名牌呢？再说，一个人是否美丽，衣服只是微不足道的一部分，最重要的是你有没有好的性格、好的学识、好的谈吐、好的气质。如果这些都有了，所有的人都不会在乎你穿的是不是名牌。你说，大家是喜欢名牌衣服呢，还是喜欢一个人好的性格、好的学识、好的谈吐、好的气质呢？"

"当然是喜欢一个人好的性格、好的学识、好的谈吐、好的气质了。"

妈妈微笑着点了点头，说："这下我的女儿说对了。看你身上的这件裙子吧，虽然不是名牌，但是穿在你身上多合适啊。来，再笑得甜美一些，对，像不像可爱的公主？"

女儿在镜子前转了一圈后，心满意足地出门了。

作为妈妈，我们应该告诉女儿，气质才是女孩最鲜亮的衣服。这样，女儿会更注重自己的气质培养，而不再是只关心穿什么样的衣服、戴什么样的首饰、用什么样的化妆品。当她认为自己拥有了不俗的气质的时候，她们在穿衣打扮上也会有自己的想法，进而形成健康的审美观。

3. 做个知性的女孩，提升个人品位

知性美是一种聪明的美、智慧的美。感性、知性与理性，这中间是有很大区别的。感性偏向热情，理性偏向冷静，而知性应该是介于两者中间，偏向智慧。

"知"就是有知识、有涵养，能够熟知自己、了解他人，认识世界，不断提升自身价值，在人生的道路上进退有度；而"性"则是指女性的灵性、悟性、个性、性格等。

余秋雨先生在陈鲁豫《心相约》里作的序，把鲁豫知性的特质描述得淋漓尽致：摆在她面前的采访目标，拿出任何一个来都会让最有经验的男性记者忙乱一阵，而她，却一路悠然地面对难以形容的约旦河西岸、佩雷斯、拉马丹，勇敢激愤地与伊拉克海关吵架，眼泪汪汪地拥抱在战火中毁家的妇女，企图花钱靠近萨达姆，直到在伊朗一次次与宗教极端主义的行为辩论……她的这些言行，都是个人即兴，绝无事先准备的可能，却总是响亮强烈，如迅雷疾风，让全球华语观众精神一振。这样的历练，常人不可能拥有，只是其蕴含的质地品性，真的可以借鉴。

知性美的人拥有比较丰厚的知识底蕴，对其思想、观念、性格、爱好等方面产生了深厚的影响，因此形成了某种具有文化气息的气质和风格，并在言行举止中表现出来，使接触到的人都能感受到其深厚的文化背景，从而透出源源不断的魅力。

著名主持人杨澜在《天下女人》中说，完美的女人有三条：第一，貌美。她在我的审美标准中是美的；第二，高贵感。不是指贵族气质，而是她有知识、有修养；第三，性感。不是指搔首弄姿，而是一种女性魅力，一种从内而外流露出来的气质，吴小莉正具备这些特质。成熟而从容、自然而美丽。吴小莉是从容的，从容到将人生的来龙去脉看得清澈见底；她是成熟的，成熟到一切好像都是瓜熟蒂落、水到渠成。吴小莉在荧屏前清纯、高雅、漂亮、笑容满面，在荧屏后面却拥有一股阳刚之气，坚韧、耐苦、敬业。她平淡如菊的笑容、闪着智慧光芒的眼神，成功地打动了千万观众。

知性女孩懂得如何审视时尚，在追求物质打扮的同时，能够用心灵洗涤媚俗的拜金；她们会将丰富的阅历留在脑海中，将岁月的痕迹遗忘在脑后。她们感性却不张狂，典雅却不孤傲，内敛却不失风趣。她们有自信的谈吐、大度的胸襟、睿智的头脑。

徐静蕾是公众认可的才女之一，无论是作为演员还是作为编剧、导演，她都能够出色地胜任，可谓是知性美的代表人物之一。但是，面对公众的认可，徐静蕾则谦虚地说："如果大家认为我的审美能力和分寸感掌握得还不错的话，那么，这在很大程度上得益于父亲小时候对我的教育和培养。"

父亲徐子健在女儿徐静蕾的教育上花费了不少心血。为了能够使女儿得到最好的教育，徐子健特意到图书馆查阅了关于早期教育的书籍，希望借助这些书籍能够培养出一个有修养、有内涵的女儿。

熟悉徐静蕾的人都知道她的毛笔字写得非常好，这得益于她父亲的教导。徐静蕾两三岁时就开始练习识字、写字。像所有孩子刚开始学习写字一样，徐静蕾最早使用铅笔写字。后来，父亲发现她对毛笔情有独钟，于是就陪她每天练习毛笔字。在父亲悉心的栽培下，再加上徐静蕾勤奋刻苦地练习，几年时间，徐静蕾的书法突飞猛进。

有一次，从事广告制作行业的父亲要请某名家为商厦题字，但是花费很大，而客户方则希望减少这项开支，对此，徐子健灵机一动，就将徐静蕾写的字送了过去。对方看了一下觉得很满意，并且夸奖道："此字刚劲有力，没有三四十年的功底是练不出来的！"而当时徐静蕾只有13岁，此时父亲心中充满了自豪感。

如果读者有机会看到徐静蕾自导的《我和爸爸》《一个陌生女人

的来信》，就能够明白她父亲的自豪感了，因为片头的字都是徐静蕾亲自书写的。此外，徐静蕾对绘画也特别感兴趣，这同样是受到了父亲的极大鼓励。只要北京有美术展览，父亲就会骑着自行车带她去看，父亲认为艺术能够陶冶人的情操。

看似文静的徐静蕾对新鲜事物充满好奇，有着强烈的求知欲望。对一些事情，她总是主动出击，一些独闯的经历使她从小就不怕生，即使见到陌生人也能谈吐自如。在没有经过专门的训练和指导下，徐静蕾顺利考取了北京电影学院，并在影视界有了长足的发展，取得了不凡的成就，这都得益于她年少时的锻炼。

知性美是一种健康的审美观念，能够从思想和心理两个方面来影响女孩，帮助女孩成长，让她们拥有优雅、独立、睿智的魅力，可以自在、从容地面对真实的生活。因此，家长一定要注重对女孩知性美的培养。

首先，要培养女孩子的自信心，父母们要记得表扬孩子的成就，不能打击她，使其放弃想做的事。父母们总觉得男孩应该比女孩粗犷一些，所以我们会不自觉地把一些限制加在女孩子的身上。你有没有发现自己常说，"小心别把衣服弄脏了！""上攀爬架要小心！"等等。

如果我们老是对女儿说，你不能这样，你不该那样，那么孩子长大以后，就会变得胆小怕事，不自信。别给她太多的限制和约束，在可控制的范围内，让她自由发展。

其次，对于如何培养女孩的知性气质来说，博览群书可谓是一个非常重要的手段。一个女孩读书读得多了，自然就会受到书本内容的影响，身上便会带一股"书香气"。正如古人常说的："腹有诗书气自华。"另外，一个从小喜欢博览群书的女孩，不但可以通过读书积累更丰富的知识，体验更丰富的情感，还可以因此变得见识广博、富有情操。这样的女孩不需要刻意装扮，就会由内而外地散发出知性气质。

相反，一个胸无点墨的女孩，即便她用华丽、漂亮的衣服来装饰自己，恐怕也毫无气质可言，如果装扮不当，反而会让人觉得肤浅和低俗。

让女孩从小就以书为师。我们都知道，书籍是人类最好的老师。因此，从女孩小时候开始，我们就应该让她以书为师。随着女孩年龄的增大和求知欲的增强，我们不要只让她关注课本知识，而是鼓励她广泛接触更丰富、更有意义的、自己感兴趣的、不同类别的书籍。

要为女孩创造书香萦绕的读书环境。我们首先要做好榜样，才能为女孩创造良好的读书环境，营造一种轻松、有趣的读书氛围。

引导女孩从小热爱读书。那无疑就要激发她的读书兴趣，让她爱上读书，自觉地去读书。如果我们的女儿不爱读书，我们不妨结合她的具体情况想一些切实可行的方法，如与她一起读书、引导她到书中寻找答案、让她多与爱读书的小伙伴一起玩等，只要用对了方法就能激发出女孩的读书兴趣。

这里要注意的是，读书时不要总考孩子。大部分孩子是在各种"考试"中长大的，就连还不会说话的宝宝，都总会被问："哪个是老虎？""飞机在哪里？"但在孩子读书时，太过频繁的"考试"可能会扼杀孩子对读书的兴趣。亲子阅读不能目的性太强，而是要让孩子单纯享受读书和开阔眼界、学习知识的过程，那样孩子才能真正爱上读书。

4. 最重要的品质是温柔

温柔，是专属女人的形容词，是女人独有的一种气质、一种修养、一种智慧。

而当女人还是女孩的时候，温柔应该是女孩独有的天性，然而，仔细观察一下，不少家长头疼的是，自己的女儿不是刁蛮任性，就是比男孩都显得强势。

为什么会这样呢？

花花小时候，稍微有一点不如意的地方，就大哭大闹。每当这时，妈妈就会安慰她："都是妈妈不好，好了，不要哭了。"结果，花花上了学，和小朋友在一起的时候，如果谁不听她的话，她就会哭闹撒泼，直到达到自己的目的为止。

所以说，女孩之所以丧失了温柔，与她从小接受的教育有很大的关系。女人天生就应该是温柔的，但是这也离不开后天的培养。更离不开家长的悉心栽培，当您的女孩一旦缺失了温柔的品质，家长应该及时提醒，慢慢纠正，尤其是做母亲的，更是要特别注意这一点。

红红是一位十分活泼、外向的女孩。她是小学的劳动委员，只是，组织活动，经常会和同伴发生一些小矛盾。一旦谁不按照她的意思去做，红红立刻大喊大叫，几次把小朋友都凶哭了。同学对她的评价是："红红太凶了，我们不想跟她做好朋友。"

红红的老师也是一位孩子的母亲，她深知温柔的特质对一个女孩的重要性。于是，她在班级中就红红的性格专门展开了一番讨论。

首先她问小朋友："凶巴巴的红红是什么样子的?"大家立刻就说出或者模仿红红平时凶巴巴的样子。红红很吃惊地说："真的是这样吗?"大家说："是的，我们不喜欢你这么凶我们，不喜欢你抢我们的工具，不喜欢你骂我们。"

红红难过地低下了头，轻声说："在家里的时候，妈妈看到爸爸老是擦不干净玻璃的时候，就是会一把抢走抹布并大喊大叫的。"

老师明白了，于是问："那你觉得妈妈这样对爸爸，爸爸开心吗?"红红立刻轻轻地回话："不开心。""那么，你为什么要学妈妈的样子，也让其他小朋友不开心呢?"

红红轻声地说："老师，我知道了，以后一定改。"

听到红红的回答，老师很高兴。于是她问小朋友："你们喜欢温柔的红红，还是凶巴巴的红红?"大家齐声回答："温柔的。"大家又补充了很多喜欢温柔的原因，接着老师又问小朋友："你们要做凶巴巴的孩子，还是温柔的孩子?"小朋友们都回答："温柔的孩子。"

最后，老师又联系了红红的母亲，告诉她，温柔对女孩是多么重要。红红的母亲表示惭愧和吃惊，她没想到自己的风风火火的性子居然对孩子有这么大影响。

在老师和红红母亲的配合下，每次班级组织活动结束后，红红都和每个孩子轻轻地拥抱一下，孩子们都很开心。慢慢地，红红一点点转变过来，变成温柔可爱的女孩了。

日常生活中，常常听到这样的对女人的赞美："这个不怎么漂亮的女人，却有一种说不出来的特别气质和魅力。"其实，大家看到的是女性身上的温柔之力。温柔的女性像绵绵细雨，润物于无声，总是给人以温馨柔美之感，令人心荡神驰、回味绵长，这就是温柔。无论在什么情况下，女人的温柔都显得极具人情味儿，能够化解别人的种种无奈和痛苦，使对方充满喧嚣的心灵变得宁静、自信，从而获得对方的好感。

温柔不仅对女人自身有益，还能影响下一代。因此，家长应该培养女孩温柔的特质。尤其是母亲，必须要做到以下几点：

(1) 妈妈要以身作则

随着时代的进步，随着女性独立意识的增强，越来越多的女性走向社会，也出现了越来越多的女强人。与此同时，有的女性丢失了女人身上一种很珍贵的气质——温柔。

当然，作为新一代的女性，我们需要独立，需要在社会上发展属于自己的事业。但是，作为妻子，作为妈妈，我们需要保持温柔的天性，让家人感受到家庭的温暖。而且，在我们的影响下，女儿也会向我们学习，从而变成一个温柔的女性。

无论是从外表，还是从内心，我们都要保持温柔，言谈举止要柔和，多选择一些展现女性柔美特点的衣服装扮自己。同时，我们也要时刻提醒自己：我要做一位好妈妈，把温柔的一面展现出来。

(2) 培养女孩柔和的性格

我们要想让女孩真正变得温柔，就要培养她柔和的性格，让她无论从态度上还是行为上都展现出温柔的特性。我们对女孩柔和性格的培养，并不需要刻意地训练，只需要在平日里多加引导和提醒。

比如，在女孩与他人相处的过程中，我们要教她保持微笑，态度要柔和，说话要保持平和的语气、平缓的语速、适中的音量，动作要大方不忸怩。慢慢地，女孩的性格自然就会变得柔和，气质也就会变得温柔。

(3) 寻找女孩"强势"的源头

女孩天性温柔，之所以会变得强势，一定有一个模仿的源头。也许是从父母、同学等身边人那里学到的；也许是从电视节目、动画片中学到的。对此，我们要找到女孩变"强势"的源头，并尽量切断。对于女孩看的电视、交的朋友，等等，都需要加强关注，给予及时的引导。

5. 爱笑的女孩最美丽

有人说，真正能够征服一切的迷人微笑是达·芬奇的作品《蒙娜丽莎》。那是朦胧的、神秘的、散发甜美和无穷想象力的微笑，而这微笑最好地诠释了高贵、高雅。这个跨越时空的魅力微笑，不经意地流露出惊人的艺术美和女性独有的吸引力。

微笑，是人世间最美丽的情感的表达，是人世间最富瑰丽色彩的表情。它透露出女孩的自信、快乐、品位与魅力。微笑，蕴藏着不可抗拒的心灵的感召力和感染力，具有排山倒海般的情感和力量，可以跨越陌生、融化冷漠、雕琢神奇。

有一个真实的故事。

一个美国人，已经结婚18年多了，他觉得自己工作不顺利，家庭是一潭死水，看什么都糟糕透了，他认为自己是美国最闷闷不乐的人。

后来，在他参加的一个培训班中，老师对他提出了一个简单的要求：微笑一个星期，对他见到的一切人。

他觉得很奇怪，但还是决定试一下。于是，他要去上班的时候，就会对大楼的电梯管理员微笑着，说一声"早安"；他以微笑跟大楼门口的警卫打招呼；他对地铁的检票小姐微笑；当他站在交易所时，他对那些以前从没见过自己微笑的人微笑。

三天后，他很快就发现，每一个人也对他报以微笑。他以一种愉悦的态度，来对待那些满肚子牢骚的人。他一面听着他们的牢骚，一面微笑着，于是问题就容易解决了。一个星期以后，他发现自己回家后，妻子对他的态度也温和多了，儿子也不再顶撞他。

一个星期过去了，他继续保持微笑。渐渐的，所有人都发现了他的改变，在公司越来越多的人开始和他交往。三个月过去了，他被提升为项目组的组长，人人都说他是个有亲和力的人。他发现微笑带给自己的好处是不可估量的。

真正发自内心的微笑，来自于坚强的心理承受能力，来自于内心的宽容和对生活的感恩。当你带上了这样一种心态去生活、去对待你周围的人的时候，生活回报给你的依然会是微笑。可以像上文中的主人公一样，让你的孩子，经常对着镜子朝自己笑一笑，或者对周围的人笑一笑。微笑着告诉她，宝贝，你的笑容可以改变你的心情，甚至改变你对世界的看法。

古希腊哲学家苏格拉底曾说，除了阳光、空气、水分和微笑，我们还需要什么呢？显然，在这位大师的眼里，微笑同阳光、空气、水分一样重要。同样，微笑对孩子来说，也是十分重要的。从小善于微笑的孩子，长大以后，必然会用微笑的态度对待生活，成为在社会上备受欢迎的人。

海伦·凯勒曾经说过："我不美丽，也不健康，但我可以给别人带来快乐，因为我在微笑。"由此可见微笑的重要性。微笑尽管只是一个简单动一动肌肉的动作，却是一种令人感觉愉快的面部表情，有很大的价值。

生活是一面镜子，你对着它笑，它也对着你笑。一个微笑面对生活的孩子，总是乐观自信、积极进取的。如果一个孩子生活在批评之中，他就学会了谴责；如果一个孩子生活在敌意之中，他就学会了争斗；如果一个孩子生活在鼓励之中，他就学会了自信……由此可知，如果一个女孩生活在微笑之中，她自然也就学会了微笑。当孩子学会了微笑，也就懂得了生活的意义。

女孩的微笑，像涓涓的溪流从心底里流淌出来，甜美和从容、教养与高贵，就在这个不经意抬起的嘴角，在温柔的笑意里完整地体现。父母应该从哪几个方面教会女儿保持微笑呢？

(1) 父母要着意培养女孩乐观向上的心态

人在任何困难的处境里都要有一个自信的态度。父母要自始至终地注意培养女孩良好的心态与平和大度的处世方式，最有效的就是父母要给孩子做出榜样，特别是孩子小的时候。如果，大人总是冷冷的表情，总是抱怨和训斥，那么怎么可能在女孩的心中留下欢愉的印象呢？性格是随着心灵的成长而成熟的，父母是孩子心灵的老师和启蒙者。

美国性格研究中心曾做过这样一个实验，在两个患病的小黑猩猩养病的过程中，一个护理员会严肃地给它打针吃药，另一个在治疗的同时总是派人陪着它，微笑地望着它的眼睛。结果，有护理员陪伴的小猩猩很快就出了院，而且活泼可爱健壮，而另一个却很久没有康复。美国的专家认为，这个事例说明，欢愉的心态是一种精神向上的力量和鼓舞，因为在世界上所有的物种中，只有人类才有微笑的功能，而和人类基因最近的黑猩猩也最能体现这种情感的交流与沟通在没有语言的情况下的巨大作用。

所以，父母自始至终微笑着对待孩子，对孩子的心灵成长的作用是不可估量的。美国心理学家由此说：您不知道怎么样教导您的孩子吗？那就请您对她微笑吧。是的，你想你的女儿，你亲爱的小公主健康、活泼、聪明吗？那么首先你就对她微笑吧！

(2) 教孩子用微笑面对生活

微笑是对生活的一种态度，跟贫富、地位、处境没有必然的联系。一个富翁可能整天忧心忡忡，而一个穷人可能心情舒畅；一个处境顺利的人可能会愁眉不展，一个身处逆境的人可能会面带微笑……

百货店里，有个穷苦的妇人带着一个约4岁的男孩在转悠。他们走到一架快速照相机旁，孩子拉着妈妈的手说："妈妈，让我照一张相吧。"妈妈弯下腰，把孩子额前的头发拢在一边，慈祥地说："不要照了，你的衣服太旧了。"孩子沉默了片刻，抬起头来说："可是，妈妈，我仍然会面带微笑的。"

相信读过这个故事的人，都会被小男孩所感动。生活需要微笑。

不要抱怨生活中有太多的磨难，不必抱怨生命中有太多的挫折，教会孩子微笑面对生活，用微笑寻找一个坚韧的支点，在生活的照相机前，穿着旧的衣服，一无所有，坦然并从容地微笑。

(3) 鼓励孩子时刻保持微笑

父母要时刻鼓励孩子，不能在孩子学习成绩不理想、生活遇到问题的时候指责和训斥。因为良好的心态是经过长期的磨炼而来的，特别是在待人接物、社交的场合，家长更要时刻注意自己的仪态，而同时也要时刻提醒孩子保持端庄淑雅的微笑。

一个日本女孩曾写道：在美国，我们和中国女孩子就是不一样，我们腼腆、胆小、举止呆板、生涩木讷；而中国女孩各个像个公主，像个主人的样子，不卑不亢、从容镇定，最可敬的是她们总是带着自信的微笑，这微笑足以征服每个人，征服傲慢、偏见和陌生。

微笑是一种品位，微笑是一种艺术，微笑是一种高贵的教养，微笑是一种迷人的态度。微笑不是谁都会做的，也不是与生俱来的，微笑的魅力永远只属于那些有美丽心灵的、有教养的、自信心强、从容面对人生的好女孩，属于那些健康迸发着蓬勃生机与活力的女孩。

6. 舞蹈，赋予女孩优美的气质

舞蹈赋予女孩优美的气质。据艺术史学家的考证，人类最早产生的艺术就是舞蹈。在远古人类尚未产生语言以前，人们就用动作、姿态的表情来传达各种信息和进行情感、思想的交流。以后由各种声音发展成为语言和音调以后，才相继产生了诗歌和音乐。

习俗舞蹈、宗教祭祀舞蹈、社交舞蹈、自娱舞蹈、体育舞蹈、教育舞蹈等都是一种人体动作的艺术。

站在美丽舞台的中心，穿上漂亮的纱裙，戴上靓丽的装饰，在荧光灯闪烁的舞台上自由舞蹈……几乎每个女孩都有着这样的"舞蹈梦"。而每个女孩都是天生的舞者，优美的形体、灵活与柔韧的肢体、较强的审美能力……恰恰是女孩子形成优美气质所必需的。

舞蹈需要全身各部位的配合，可锻炼孩子的动作协调性，使孩子更有节奏感。正处于快速生长发育时期的女孩子，经过舞蹈训练（如挺胸、收下巴、收腹、沉肩）能使她们站得直，形体优美，且能纠正驼背、端肩等形体问题。经过舞蹈训练，孩子的力量控制、稳定性、耐力等方面的身体素质都会得到提高，也可以增强肢体灵活性、柔韧性。舞蹈通过音乐、动作、表情、姿态表现内心世界，可使孩子潜移默化地接受到艺术表演的熏陶，使孩子们热爱生活，并能欣赏美、体验美，可以提高孩子的审美情感。舞蹈演出能培养孩子表演的能力，使孩子不怯场，表现力强，拥有更好的心理素质，可以提高孩子的自信心。

让孩子去学舞蹈，并不一定要让他们成为优秀的舞蹈演员，最主要的是练练形体和气质、培养培养兴趣。孩子很小的时候就会用手舞足蹈、蹦蹦跳跳来表达自己内心的情感，那么我们怎么发现有舞蹈天赋的孩子呢？

一般来说，具有舞蹈才能的女孩，在很小的时候（1~4岁）就会表现出舞蹈的天赋。我们可以注意到具有舞蹈天赋的孩子对舞蹈有强烈的兴趣，且舞蹈的动作协调、轻盈、优美、灵活，而且动作完全与音乐一致能伴着音乐的节拍律动，她们能利用手和手臂的结合，做出许多动作，她们会非常喜欢模仿性动作，参考电视上的舞蹈节目。还有，她们能根据自己学过的动作，创编一些简单的舞蹈。

舞蹈是美的化身，学习舞蹈能够提升女孩举手投足间的气质，也能陶冶情操，让她具有一种灵秀脱俗的风韵。学习舞蹈的过程是一个不断接受美的熏陶的过程。

李媛的各种先天条件并不是很好，学舞蹈她体形偏胖，不是首选；学钢琴，她指头偏短，没有潜力；学声乐，她的嗓音有点哑。咨询了有关老师后，妈妈给她选择了画画。

但半年后的一天，李媛却哭哭啼啼地跟妈妈说："妈妈，我不喜欢学画画了。我想学舞蹈。"

因为考虑到李媛从小就有很高的音乐天赋，再加上学画画也是李媛妈妈的一厢情愿，李媛妈妈答应了女儿的请求。但她对李媛提出了要求，学习舞蹈很辛苦，不可以再次退缩。李媛很爽快地答应了。

可没想到，改学舞蹈后，李媛又是一脸伤心，哭着跟妈妈说："妈妈，我不学舞蹈了。我太胖了，老师说我的腰太硬。"

理由很充分，但妈妈却不同意。本来让李媛上特长班仅是为了培养一种爱好，多一点艺术修养，不是为了让李媛学有所成，但现在看来，李媛妈妈觉得更应该培养的是让李媛学会负责，学会直面困难，学会挑战自我。

这以后，李媛妈妈给李媛制订了每天的练习计划，利用晚饭前这一段时间陪李媛练习。很快练习就初有成效，几个难度较大的动作李媛都顺利过关了。伴随着妈妈的鼓励和表扬，以及坚定的态度，李媛的进步非常快，而且还代表学校参加演出了。

父母对女孩舞蹈特长的培养，最好从4岁开始，先是让女孩能够在一种潜移默化的舞蹈氛围中受到感染，也就是先要让女孩对舞蹈产生一种浓烈的兴趣。在女孩有了兴趣之后，才可以更容易地把她引入舞蹈的世界中来。

父母要女孩学习舞蹈还可以让她更好地发挥想象和创造力，对于节奏和形象也能够有一个很好的感悟。在女孩学习过程中，还要及时肯定她取得的成绩，让女孩能够更有激情地投入到学习中来。

父母对于女孩舞蹈特长的培养也要从兴趣入手，没有兴趣是学不好舞蹈的。

(1) 激发女孩的舞蹈兴趣

父母要培养女孩舞蹈方面的兴趣，让女孩多看是激发兴趣的一个好办法。

佩佩的妈妈对舞蹈很热爱，她喜欢将一些舞蹈作品和歌舞片给女儿看。佩佩经常和妈妈去看现场版的舞蹈大赛。每次看完大赛后，她都是一路跳回来的。妈妈看她跳舞的兴趣日益浓厚，也就让她开始了系统的舞蹈学习。

父母多带女孩看一些舞蹈大赛，也是对她的舞蹈启蒙，这期间可以培养女孩对舞蹈的兴趣。舞蹈是一个视觉化的艺术，本身就是在向人们展示出一种美，女孩的心灵很容易去感受这种美的，能够对她产生强烈的视觉冲击和震撼力，让女孩喜欢上它。

(2) 让女孩多听节奏感强的音乐

父母可以多让女孩听听音乐，任她自由地在音乐中舞蹈。

欣然的妈妈很想培养女儿对舞蹈的兴趣，于是经常放一些节奏感强的音乐给她听，每次一听到这些乐曲，欣然也会跟着节拍手舞足蹈。欣然听多了节奏感强的音乐后，也能找准音乐节拍了，她主动说想学习跳舞，妈妈同意了，于是给她报了舞蹈班。

她在学习舞蹈时节奏感和协调性都很好，老师夸欣然有舞蹈天分。欣然在老师的赞赏下，学习的热情就日益高涨。

音乐和舞蹈一般是连在一起的，随歌起舞，也是人之常情，父母也可以让女孩多听一些优美的乐曲，一些很有节奏感的音乐。女孩在听的过程中就会很兴奋地随着节奏手舞足蹈，这样就培养了她的兴趣。

(3) 父母要多鼓励女孩

父母在女孩学习舞蹈的过程中，对于她的表现要多给予表扬。女孩年纪小，在学习的过程中难免会出现很多不如意的情景。父母不要苛求女孩，要多表扬，让她保持学习的热情。

父母不要漠视孩子的不足，要找出原因，和舞蹈老师一起帮女孩克服。

(4) 让女孩快乐地学习舞蹈

田英开始学舞蹈了，妈妈为了让她容易地体会到舞蹈的快乐，就让她先学习一些比较富有儿童情趣的舞蹈。妈妈先教会了她儿童比较喜欢的舞蹈。田英学舞蹈的过程就像玩耍一样，所以她非常喜欢。

田英在早年学舞蹈的这种快乐的感觉一直保留在她心里，让她认定了舞蹈能给她带来快乐，在以后的专业学习过程中，她也一直带着快乐的心态学习。

父母在让女孩学习舞蹈的过程中，一定要考虑女孩的心理特点，让她能够在快乐中学习舞蹈，这样女孩才会既得到了快乐，又有了兴趣。趣味很重要，要让女孩觉得这是一件很有趣的事情，学起来才会更轻松。

第十章

领 袖 气 质

——男孩不可多得的财富

当男孩与同伴发生冲突时，家长先不要急于插手帮他们解决，而是应该鼓励他们自己解决，培养他们处理问题的能力。

1. 责任是男孩成长的第一步

所谓责任心，就是责任感，是一个人对他所承担的任务的自觉态度，包括对自己的责任、对他人的责任、对集体的责任和对社会的责任。

在一个雪天的傍晚，中士杰克先生匆忙地走在回家的路上。路过公园时，他被一个人拦住了："先生，打扰一下，请问您是一位军人吗?"这个人看起来很着急。

"是的，我是。我能为您做些什么吗?"杰克急忙回答道。

"是这样的，我刚才经过公园门口时，看到一个孩子在哭。我问他为什么不回家，他说自己是士兵，在站岗，没有接到命令是不能离开这里的。和他一起玩儿的那些孩子都不见了，估计是回家了。"这个人说，"我劝这个孩子回家，可是他不走。他说站岗是自己的责任，必须接到命令才能离开。看来只能请您帮忙了"。

杰克心里一震，说："好的，我马上就过去。"

杰克来到公园门口，看见那个小男孩在哭泣。杰克走了过去，敬了一个军礼，然后说："下士先生，我是杰克中士，你站在这里干什么?"

"报告中士先生，我在站岗。"小男孩停止了哭泣，回答说。

"雪下得这么大，天又这么黑，公园门也要关了，你为什么不回家?"杰克问。

"报告中士先生，这是我的责任。我不能离开这里，因为还没有接到命令。"小男孩回答。

"那好，我是中士，我命令你现在就回家。"杰克对小男孩严肃地说。

"是，中士先生。"小男孩高兴极了，还向杰克敬了一个不太标准的军礼。

小男孩的举动深深地打动了杰克，这个孩子的倔强和坚持看起来似乎有些幼稚，但他所体现的责任和守信却是很多成年人都无法做到的。

责任心是一个人立足社会、获得事业成功至关重要的人格品质。现在许多父母都过多地关注孩子的智力和身体的发展，对孩子的责任心的培养却不大重视，这对孩子的成长不利。

责任心是孩子健全人格的基础，是能力发展的催化剂。只有具备一定的责任感，人才能自觉、勤奋地学习、工作，做各种有益的事情，掌握各种技能，孩子必须从小培养责任感，以便长大后能尽快适应社会，照顾家庭，完成本职工作，尽自己的责任和义务，从而成为优秀的人才。在大力提倡素质教育的今天，家长应该用自己的爱心、耐心和智慧去培养孩子的责任心。

林凯一家到英国旅游。一天，林凯在公共卫生间里方便，就在他坐到马桶上的时候，他突然听到隔壁小间里有一种奇特的响动。由于时间过长，而且也很好奇，林凯通过小门的缝隙向里探望。这一看，使他惊叹不已。

原来，一个只有七八岁的小男孩正在修理马桶的冲刷设备。一问才知道，是这个小男孩上完厕所后，因为冲刷设备出了问题，他没有把脏东西冲下去，因此他就一个人蹲在那里，千方百计地想修复它。

这件事给林凯留下了很深的印象，他感慨道："一个只有七八岁的孩子，竟然有如此强烈的负责精神，可见其父母的教育是成功的。"

责任心就是对自己所做的事情保持一种自觉、负责的态度，是办好一件事的重要基础。一个没有责任感的人，会出现一些大的原则上的问题，一旦犯错就都是很严重的错误，会给大家带来很大的危害。自己的儿子能力再强也要注意对他责任感的培养，不然谁也不敢把一个重要的任务去交给一个不负责任的男孩。

(1) 增强男孩的主人翁意识

父母要注意对男孩主人翁意识的培养。一个孩子要先学会做自己的主人，然后才能做到对自己负责，进而表现出对自己工作的负责，对社会的负责。责任意识需要一种自主自立的主人翁意识。如果孩子缺乏主人翁意识，就会把责任推向别人，碰到问题，也不会想要积极主动去解决。

父母帮孩子树立了强烈的主人翁意识，孩子才会尽职尽责地做好自己分内的事，才会自愿去维护他人的利益及社会公德，用更加严格的要求，来督促自己做好每一件事，不依赖于人、不推脱于人。

(2) 让男孩参与家庭责任的承担

孩子的责任感是在反复实践中培养起来的，而家庭是一个很好的实践场所。

陈宽在上小学的时候，就要负责家里每天早晨的取报和取牛奶任务。中学的时候，家里买米和买油这些较重的活儿，也交给他来负责了。只要东西没有了，他就负责去超市里把东西买回来。家里其他的家庭分工，他也都有份。

这让他觉得自己是这个家庭中很重要的一员，有什么事他也都能先从家庭整体利益的角度出发，把个人的利益放在第二位。所以无论什么时候，他都觉得自己是这个家的主人翁，要对所有的人负责。

孩子在生活实践中多参与家庭分工，会让他们更有归属感。孩子会觉得自己是这个家庭很重要的一分子，也要来尽一份力，这种想法就是责任感的体现。孩子学会了对自己所做的事情负好责，也懂得了要对家庭尽到自己应尽的义务和责任。

(3) 让男孩学会为自己的过错负责

犯错误是人常有的，但是能够对自己的错误负起责任，却不是人人都能够做到的。

江南的父母要去看望外婆，所以这个星期天他一个人在家。他们班上的足球赛马上就要开始了，他要在上午九点钟赶到学校集合，参加训练。在骑自行车去学校时，他不小心把一位老人给撞倒了，他赶忙下车，扶着老人去医院里检查，结果没什么大问题。他又把老人送回家，还把自己的姓名和地址留给了他，说只要有问题，就来找他。

父母回来知道了这件事后，又和孩子买水果去看望了老人一次。老人直夸江南是个好孩子，有担当、有责任感，将来一定会有出息的。

男孩犯了错误，能不能够去主动承担，是他是否具有责任心的体现。父母不要怕孩子犯错，而是要让孩子在犯错后，不要推脱自己的责任而是自觉主动地去承担。

(4) 让男孩做事有始有终

培养良好的责任感，是要靠坚强的意志和持之以恒的态度来维持的。孩子在年幼的时候，可能会因为兴趣比较广泛，做事情喜欢虎头蛇尾，这是孩子责任心缺乏的表现。父母在看到孩子的这些表现时，一定要让孩子做到做事情有始有终。

李继贤今年四岁半了，在萨尔马多城上幼儿园，最近他在学习有关植物方面的知识。李继贤迷上了植物，他觉得那些花草实在是太美了，便苦苦地哀求父亲给他买一盆鲜花。

父亲同意了李继贤的请求，趁周末带着李继贤到花卉市场买了一盆小花。父亲希望李继贤看到小花生长的整个过程，并且能够自己照顾它。于是，父亲和李继贤约定，由李继贤负责照顾鲜花，给它浇水和施肥。

最初几天，李继贤非常兴奋，每天耐心地给小花浇水，还根据日照的情况，不断给花盆挪动位置，并拿出本子，歪歪扭扭地在上面画出花卉生长的情况。

李继贤的父亲看到他这么有责任心，十分满意。可是，没过多久，李继贤的父亲发现他给花浇水的次数越来越少了，甚至好多天都不给小花浇水，也不做记录，似乎他已把养花的事给忘了。结果，小花慢慢枯萎了，叶子也开始泛黄，生长的速度减慢了，完全没有了生机。

一天吃过晚饭，父亲把李继贤叫到阳台，说："你给花浇水了吗？"

李继贤低着头说："没有。"

"为什么没有？"

"我……"

"我们在买这盆花的时候，是怎么说的？由谁负责给这盆花浇水？"

李继贤沉默不语。

"你看，这盆花多么伤心、悲哀！小花失去了美丽的叶子变得枯黄，而这都是因为你。"

以后的日子里，李继贤每天坚持给花浇水，小花不久又恢复了以往漂亮的颜色。

让男孩先学会对一件事情负责，然后他才能够在生活中对自己的每一件事都抱着一个负责任的态度来做，在遇到困难时也不会轻易就打退堂鼓。培养孩子良好的责任感，对于孩子的成长很重要，父母要督促和鼓励孩子从小做事就能够有始有终。

2. 培养男孩解决问题的能力

在公园，两个小男孩因为争夺秋千发生了冲突，令人感到惊奇的是，这两个男孩处理冲突的方式截然不同：其中一个男孩去找妈妈，哭着对妈妈说："妈妈，他欺负我，你去给我报仇！"而另一个男孩却说："这个秋千你已经玩两次了，这次该我玩了，我玩一会儿还会让你玩的。"

男孩是好斗、好胜的，在集体活动中，他们之间发生一些矛盾很正常。此时，他们处理冲突的惯用方式往往决定着他们是否具备领导才能。例如，与同伴发生了矛盾，很多男孩会哭着向老师或家长求救，就像故事中的第一个小男孩，这种类型的孩子对成人一般都具有很强的依赖性。

而故事中的第二个男孩，他与同伴就谁该玩秋千这个问题发生了矛盾，但他没有向成人求救，也没有通过暴力解决问题，而是与同伴协商："你已经玩两次了，现在该轮到我玩了，我玩一会儿之后还会让给你的。"在这种逻辑清晰、有理有据的分析下，任何一个孩子都会遵守这个对大家都有利的规则。

所以，当男孩与同伴发生冲突时，家长先不要急于插手帮他们解决，而是应该鼓励他们自己解决，培养他们处理冲突的能力。

不少家长总是认为自己的孩子小，不具备自己解决困难或冲突的能力，实际上孩子是有解决困难的方法及策略的。所以，家长不要总去帮助孩子，应当放手让他们逐步学会自己处理事情，自己解决事情。这样，在他以后的人生路上，他会发现自己走得很轻松，知道如何去应对所遇到的一切。

(1) 孩子的事情让孩子自己解决

晚饭过后，优优一家三口到院子里打羽毛球。一到楼下，优优看到小球场上有一群同伴在打篮球，就把拍子交给妈妈，兴高采烈地跑去加入孩子们的行列。

只一会儿工夫，爸爸就听到孩子们的争吵声。因为离得远，根本听不清孩子们在争吵什么。爸爸注意到优优很激动地对着一个高他一头的男孩子连说带比划，一个劲儿地指着边线；那个男孩子嘴里也在嚷嚷什么，还抬手推了优优一把，一下子把优优推倒在地。

优优爸爸看到此，把球拍交给妻子，走到球场边，拨拉开人群，先把儿子扶起来，然后一把拉住带头打人的高个男孩，"你怎么动手打人？"见他一脸不屑的不服气，优优爸爸更来气了，"你是不是这个院子的？你的父母呢？得让他们好好管管你！"

因为优优爸爸的干预，孩子们不再争吵了。优优爸爸拉住儿子，"都打架吃亏了，咱不玩儿了，回家！"儿子嘟囔道："我们的事儿，谁要你来管？就是你让我玩儿我也不玩儿了！"

孩子们在一起玩耍时，难免会产生分歧，出现一些矛盾和摩擦，这是很正常的。做父母的有时会因为看到或是怕自己的孩子吃亏，而介入孩子们的矛盾或冲突中，充当调停者，希望通过这样的方式解决孩子的问题，殊不知，这样反而会使问题复杂化。

(2) 给孩子创造与同伴交往的机会

父母应多创造孩子和同伴交往的机会，邀请小朋友来家做客或者主动去别人家做客。父母应多指导孩子怎样表达对伙伴的喜爱。比如妈妈告诉宝宝轻轻地拍拍小朋友，或者亲亲小朋友，并叮嘱他轻轻地，不要用牙。如果孩子做得很好，要适时地鼓励"宝宝做得真好""小朋友真喜欢宝宝这么做"。多给孩子创造实践的机会，孩子自然就会从中获得经验。

(3) 在必要的时候给孩子正确的指导

在孩子之间发生冲突时，父母不用主动介入其中，成为评判是非的法官。在冲突发生过程中，如果父母相信孩子的能力，为他们提供机会，让他们自己解决冲突，而自己只是作为一名引导者适时地介入，不仅可以平息冲突，而且还可以促进孩子社会性交往、道德判断能力、语言表达能力等一系列与社会性有关的因素的发展。

3. 每个男孩都具有领导者的潜能

每个男孩都具有领导者的潜能，而父母却常常忽略对这个潜能的开发。美国等西方国家的学校已经把学生领导力的培养引入正常教学实践中，中国的许多教育专家也越来越重视对这个问题的研究。他们发现在领导者的能力中，大多都是可以通过对孩子的培养获得，比如胸襟开阔、能与人合作、能支持别人等。

从小锻炼孩子的领导才能，让他们能够在群体中脱颖而出，使他们能够带领一班人完成更大的事业，对社会对个人都非常有帮助。任何一个家长都希望自己的孩子成为佼佼者，能够领导人们去实现自己的价值。

有些男孩看起来就像天生的服从者，他们经常说："你看我适合做什么吧，你安排就行了。"这其实是一种消极的态度，在避免承担责任的同时，他们也失去了实现自己梦想的机会。

思远是个读初一的男孩，他性格温和内向，不太乐于与人交往。有一次，妈妈为他报名参加了一个野外生存训练营。由于思远经常在家里帮助妈妈做家务，洗衣做饭这些活儿他都能做得较好，于是，小伙伴们一致推举他为队长，思远却拒绝了。他说自己没有当过领导，不知道如何分配任务和组织大家。小伙伴们没有勉强他，另推选了一位担任过班干部的小朋友当了队长。这个男孩微笑着接受了大家的推举，然后向思远请教各种具体问题怎么处理。男孩认真地把要做的各项工作记录下来，然后分配给各个队员，这次野外活动就在他还算合理的安排下结束了。

当今社会，激烈的竞争鼓励男孩要勇于挑战，积极进取，不允许消极回避的思想存在。俗话说：不愿意当将军的士兵不是好士兵。父母一定要注重培养男孩的领导意识。领导意味着更多的责任和担当，这也是培养男孩责任感的重要方式。只要父母适当地引导，男孩以后一定会在社会上有一番作为。

(1) 告诉男孩：你具有领导潜能

父母要告诉男孩，每个人都具有领导潜能，那些关于自己是否适合当一个领导者的忧虑是不必要的。目前的不成功，是因为缺乏丰富的知识和人生的历练。父母应该经常告诉男孩，不要怀疑自己，你同样具有领导潜能，只是这种潜能没有得到很好的引导和开发，没有形成真正的领导能力。父母应该经常给男孩这种积极的暗示，让他们从内心相信自己。

(2) 鼓励男孩把握机会

领导潜能能否最终被激发出来，变成男孩的领导能力，重在锻炼，在于经验的积累。因此，父母应该鼓励男孩勇敢地把握当领导的机会，即使失败了，也积累了经验教训，这就是收获。经过锻炼之后，男孩的领导能力就会得到提高。

张夕阳是个六年级的男孩，他以前非常内向，也拒绝当什么班干部，认为那事就是费力不讨好，一有责任全是自己的。妈妈知道后，告诉他这也是一种锻炼，如果没有领导能力，很难有责任感，也不会受他人的欢迎。

在妈妈的鼓励下，张夕阳开始参与班长的竞选活动，经过几次失败后，他终于被选上了。当选了班长后，他经常组织各种活动，慢慢地培养了自己的领导能力。

父母应该鼓励男孩把握当领导的机会，在学校做班干部同样可以锻炼领导能力，最重要的是，父母应该让男孩做一个有所为的领导，即使是个小领导，如小组长之类，也要努力争取。

(3) 鼓励男孩毛遂自荐

父母可以给男孩讲毛遂自荐的故事，告诉男孩，也许你平时默默无闻，也许你成绩一般，但当机会来临的时候，不是要老师或同学任命你当"领导"，而是要自己勇敢地去争取。鼓励男孩站起来，向老师同学发布自己的"施政纲领"，有了这种勇气，才具备当领导的素质。

(4) 要男孩倾听他人意见

父母告诉男孩，领导者领导的是一个团队，他的一举一动都牵涉着团队的利益，因此，他必须学会倾听他人的意见。任何时候，一个自以为是、听不进劝告的领导者都是不合格的，也不能算是真正有领导能力的人。

父母应该告诉男孩做这样的领导者：认真地倾听支持和反对自己的意见，听大家陈述自己的理由，善于收集大家的想法，尽量综合团队所有成员的意向和想法，最终做出最有代表性的结论。

(5) 告诉男孩把观念化为具体行动

观念和口号可以激励人产生伟大的理想和激情，但是作为领导，在领导团队进行活动时，观念必须具体到工作中，成为可执行的任务，分配给团队的成员。空口号谁都会喊，但是真正的领导者擅长把观念转化为行动。

阳云是个初二的男孩，担任学生会主席。有一次，学校组织了一次献爱心的活动，他根据学校团委下达的活动宗旨，制订了具体可行的计划。

他分配各个班级轮流去敬老院看望老人，帮他们打扫卫生，陪他们聊天或者去孤儿院看望那些可怜的孩子，还安排一些班级去帮助环卫工人打扫卫生，并且规定了各项活动内容的规则。在阳云的具体安排下，那次活动办得非常成功，他也因此受到了团委老师的一致好评。

父母应该告诉男孩，在组织活动时不要空喊口号，而是要把口号和活动的主旨化为一项项具体的行动，这样才能真正领导好团体，实现最终的目标。

(6) 告诉男孩领导者也是服务者

父母要告诉男孩，领导并不是居高临下的掌权者，也不是一个可以炫耀的身份。事实上，真正的领导者是一个团队的服务者，他懂得尊重团队的意愿，了解团队的需求和目标，并且为实现这个目标而领导团队的工作，服务于团队的利益。

父母应该抛弃那种领导者就是居高临下、高高在上的权威象征的陈旧观念，而告诉男孩，要做一个真正的领导者，必须在心里把自己当成团队的服务者，为团队的利益做出贡献，这样才能真正赢得大家的信赖与支持。

4. 指导男孩正确地参与竞争

希腊的船业大亨奥纳西斯说过：要想成功，你需要朋友；要想非常成功，你需要的是比你更强大的对手！当今社会合作与竞争并存，在提倡合作的同时，竞争也是一个永不过时的主题。合作并没有消灭竞争，而是在一定程度上规范了竞争，使得竞争向着更加公正合理的方面发展。同时竞争不但不与合作相冲突，而且在一定程度上使合作更加频繁，使合作朝着高质量、高水平的方向发展着。

可口可乐公司与百事可乐公司这两个竞争对手在双方激烈的竞争中突出了竞争的效果。

百事可乐与可口可乐都盯死了对方，只要对方一有新动作，另一方肯定也会有新花样。可口可乐早在20世纪20年代便在古巴用飞机在空中喷出烟雾，画出"COCA—COLA"字样，可惜因为缺少经验而失败。百事可乐在1940年一下租了8架飞机，飞机飞了14.5万千米，在东西两海岸城市，以机尾喷雾，写下百事可乐的广告。

可口可乐当然要及时反击，为强化国民第一饮料的形象，可口可乐赞助了1939年的纽约世界博览会，并请名人啜饮，将其照片刊在杂志封面。相比之下，百事可乐的宣传广告方案更有创意。他们专门设计了一套卡通片，而且还创作了一首风靡全美的广告歌曲。两大巨头在竞争中可谓不遗余力，使出浑身解数来击败对手，但结果却是二者都有了长足的发展。

竞争在激励个人才能上具有惊人的力量。作为未来世界的主人，男孩必须掌握良好的竞争能力，了解什么才是真正的竞争。我们提倡公正合理的竞争，这可以使人们充分发挥出自己的聪明才智，为社会的发展、人类的进步做出贡献。父母应该努力培养男孩的竞争能力，让他们在未来的社会上不怕竞争、敢于竞争，并在竞争中获胜。

王立阳初中毕业后，从农村来到市里的重点高中上学，由于以前学校的教学质量不是很好，所以，他进入重点高中之后，就觉得不能适应了。尤其在英语课上，他觉得自己总是听得云山雾罩，不知所措。

第一学期期末考试，他竟然没有一门功课及格，最惨的一科是英语，只得了36分。这一打击对王立阳来说太大了，他觉得农村孩子始终比不上城市孩子，开始自卑和苦恼起来。于是，他就到小说里面寻找自己的"心灵寄托"，寻找一些虚无缥缈的感觉，并沉溺其中不能自拔。结果成绩更是一团糟，还差点儿被学校开除。他觉得自己与其在这里丢人现眼，还不如放弃学业。

爸爸知道他的这个想法之后，就对他说道："什么？放弃学业？这同战场上的逃兵有什么两样？即使你暂时能够逃避学习的竞争，步入社会后，你还能逃避社会竞争吗？难道你真想一辈子当一个逃兵？"爸爸的这句话，一下子激起了王立阳强烈的自尊心。"逃兵？我怎么会是逃兵呢？逃兵是会被人说三道四的，我绝对不做逃兵！"就这样，王立阳为了不让自己成为"逃兵"而树立了坚定的信念，开始刻苦学习。

其实，王立阳并不是个笨孩子，刚开始成绩不好，只是因为他还没有适应新的环境。现在他树立了竞争意识，不甘心学习落后于人，决心超过别人，他的成绩也自然提高了。高考的时候，他以780分的成绩，进入了自己向往已久的大学。

从这个事例我们可以看出，如果王立阳在暂时落后的时候，不想和别人竞争，一味地逃避，那么他就不会得到现在这样好的成绩，只能是个"逃兵"。

在实际学习、生活中，总有一部分孩子对学习或某项活动甘心落后，怯于竞争，表现出动摇、胆怯、逃避等消极意志品质。身为父母者，要让孩子明白竞争是现代生活中不可或缺的内容，学会竞争是现代人基本的生存能力，要在竞争中体现自我，从竞争中走出精彩人生。

(1) 培养男孩的竞争意识

竞争意识是指对外界活动所做出的积极、奋发、不甘落后的心理反应。它是产生竞争行为的前提。在今天，每一个男孩都应该视竞争为常态、不竞争为非常态。家长必须教育男孩面对现实，让他们知道有竞争就会有成功者和失败者，任何试图回避或逃避竞争的做法都是错误的。培养孩子的竞争意识，鼓励孩子参与竞争，对于男孩的健康发展具有重大意义。

人长大都会有一种渴望成功的愿望，有一种超过别人的冲动。这种心理如果运用得好，就可以成为鼓励自己前进的驱动力。因此，生活中，父母要树立男孩的拼搏精神和竞争意识，在学习科学文化知识中要不甘落后，敢于脱颖而出；在人生道路上，要敢于冒尖，争当"出头鸟"。一个缺乏竞争意识、学习成绩平平、工作不积极的人是很难赢得同学的尊重和好感的。

(2) 帮男孩找到竞争的优势

鼓励男孩相信自己有力量和能力去实现所追求的正确目标。相信自我，本身就是一种"自我竞争意识"，连自己都不敢相信的孩子，根本上失去了和别人竞争的能力。他必然不会朝气蓬勃、乐观向上，甚至做任何事情都体验不到一种"把握感和成功感"。

鼓励男孩建立自信，敢于面对竞争。每个人都不可能是全才，有长处也有短处。帮助男孩找到自己的优点，帮助男孩建立坚定的自信，这是面对竞争时，合格家长首先要做的。家长要引导孩子挖掘自己的优点，不断强化，使男孩走出自卑的困扰而变得自信起来；帮助孩子发现自身优点和长处是克服害怕竞争的良方。

一个人的兴趣和才能是多方面的，要注意发挥自己的长处，挖掘自己的潜能，这样就能增加成功的机会，减少挫折。同时，有竞争就会有胜负，即使处于劣势时，也要保持积极进取的态度，而不要采取贬低或破坏对方的方式来获得自己的优势，也不要心生嫉妒或采取不正当的手段，更不要就此一蹶不振。

(3) 指导男孩正确地认识竞争

男孩在与人竞争时，往往容易产生一些不好的意识和想法。有些男孩没来由地排斥一切竞争，他们认为竞争没有意义；有些男孩过分追求结果，为了竞争胜利不择手段，例如，考试抄袭。这都是他们没有正确地认识竞争造成的后果。

父母应该经常与男孩沟通，告诉他们有竞争才有进步，才能更好地调动人们工作和生活的积极性，使人们都充分发挥自己的聪明才智，为社会做出贡献。但是不择手段的竞争是不利于社会发展的，而且是害人害己的，这种竞争不值得提倡。

(4) 指导男孩正确地与人竞争

一切思想准备都做好了，那就鼓励男孩行动起来，参与到竞争中去。男孩在竞争中才能真正体会到，竞争带给人的激励和鼓舞。父母可以鼓励男孩参加一些竞赛活动，例如，数学竞赛、作文竞赛或者其他一些比赛，让男孩在竞赛中学会正确地面对自己和别人。

父母还应该指导男孩在与他人竞争中保持宽广的心胸，自己有问题可以向对方请教，也应该认真对待对方向自己提出的问题。

(5) 指导男孩坦然面对失败

有竞争就一定会有输赢，父母要告诉男孩，胜败乃兵家常事，不要对结果太在意，过程更重于结果。有许多男孩往往接受不了失败的结果，而因此失去继续追求和竞争的勇气。因此，父母应该指导男孩，要坦然地面对失败，认识到一次的失败不代表永远的失败，其实在奋斗的过程中已经得到很多了。

当男孩在竞争中失败时，父母应该耐心地劝导他们，鼓励他们重新鼓起竞争的勇气。父母可以多陪他们散散心、聊聊天，鼓励他们发泄出心中的抑郁，及时用名人名言来开导男孩，让他们振作起来，重新投入到下一轮的竞争中去。